广东革命历史博物馆丛书·藏品系列

广东革命历史博物馆藏

黄埔军校文物萃编

广东革命历史博物馆 编

文物出版社

图书在版编目（CIP）数据

广东革命历史博物馆藏黄埔军校文物萃编 / 广东革命历史博物馆编. -- 北京 ： 文物出版社，2025. 6.
ISBN 978-7-5010-8597-2

Ⅰ．E296.3

中国国家版本馆CIP数据核字第2024D7T362号

广东革命历史博物馆藏黄埔军校文物萃编

编　　者	广东革命历史博物馆
责任编辑	李　睿
特邀编辑	老嘉琪　关子琦
责任印制	张　丽
装帧设计	佘艳敏
制作统筹	广州六宇文化传播有限公司
出版发行	文物出版社
地　　址	北京市东城区东直门内北小街2号楼
邮　　编	100007
网　　址	http://www.wenwu.com
邮　　箱	wenwu1957@126.com
印　　刷	广州市岭美文化科技有限公司
经　　销	新华书店
开　　本	889mm×1194mm　1/16
印　　张	15.25
版　　次	2025年6月第1版
印　　次	2025年6月第1次印刷
书　　号	ISBN 978-7-5010-8597-2
定　　价	368.00元

广东革命历史博物馆丛书编委会

主　任：易西兵

副主任：李　岚　　谢　莹

委　员（以姓氏笔画为序）：

苏爱荣　　李　岚　　易西兵　　钟剑锋　　黄建华　　谢　莹

《广东革命历史博物馆藏黄埔军校文物萃编》编写组

主　　编：易西兵

执行主编：黄建华

编　　辑：黄建华　　谭嘉伟

文保支持：苏爱荣　　陈春梅　　张红玉

编辑说明

一、文物收录范围涵盖 1924 年黄埔军校建校至 1949 年期间，黄埔军校广州、南京、成都本校及各分校师生所使用的文物。

二、本图录共收录文物 201 件（套）。其中，一级文物 2 件（套），二级文物 17 件（套），三级文物 93 件（套），一般文物 89 件（套）。

三、收录文物大体分为黄埔师生在校期间及离校后从事革命活动的物品，包括"教材讲义""书刊传单""证件证章""军校生活物品""书信笔记""毕业证书""纪念佩剑""同学录"及"文书档案""军事及生活用品"十种类型。为保持文物历史脉络的完整性和连贯性，部分文物未严格拘泥于类型分类。

四、文物的排序以黄埔军校历史为中心，总体上采用先校本部后分校的编排体系。涉及人物部分，依教官任职、学生期别为序。

五、每件文物配 1~3 张照片，文字说明包括文物的名称、年代、尺寸、等级、来源及文物说明。

六、本图录在文物定名中涉及校名的，统一使用"黄埔军校"通称，在文物说明中则按文物实际信息标注"陆军军官学校""中央军事政治学校""中央陆军军官学校"等校名，兼顾统一性与历史准确性。

七、本图录年份统一用公元纪年。

黄埔军校旧址保护利用 40 年

（代前言）

　　黄埔军校旧址位于广州市黄埔区长洲岛，校址原为清末陆军小学和海军学校所在地。1924 年，孙中山在中国共产党和苏联的帮助下，于广州东郊的黄埔建立陆军军官学校，1926 年改组为中央军事政治学校，通称黄埔军校。筹办军校时，在原址基础上对原有建筑略加修葺，并在门前增建欧陆式大门。建筑原为四进三路、回廊相通的两层楼房，是军校各部办公、授课和师生活动的主要场所。黄埔军校是国共合作的重要成果，是中国共产党开始从事严格意义上的军事活动的标志，培养了大批军事、政治人才，在中国现代军事史上占有重要地位，在世界上也享有盛誉。

　　校本部建筑于 1938 年被日机炸毁。1984 年起，广东革命历史博物馆开始负责黄埔军校旧址的保护管理工作。40 年来，广东革博人牢记使命、勇于担当，用心用情保护黄埔军校旧址，弘扬革命文化，传承"爱国、革命"的黄埔精神。如今，黄埔军校旧址已经成为全国红色旅游经典景区、全国爱国主义教育示范基地、国家国防教育示范基地、海峡两岸交流基地、中国侨联爱国主义教育基地，以及岭南文化十大名片之一。

一、保护第一，加强管理

　　1963 年 12 月，周恩来总理到黄埔军校旧址视察，指示要保护好旧址。1984 年 6 月，黄埔军校旧址纪念馆成立，由黄埔军校第一期学生、中华人民共和国开国元帅、黄埔军校同学会首任会长徐向前题写馆名。黄埔军校旧址纪念馆由广东革命历史博物馆负责管理。

　　40 年来，广东革命历史博物馆严格遵守文物保护法律法规，落实革命旧址保护要求，对黄埔军校旧址实施妥善保护。1985 年和 1988 年，对旧址进行了部分复原维修保护。1988 年，黄埔军校旧址被公布为全国重点文物保护单位。1993 年，对旧址进行了大规模维修保护。1996 年，经过全面考古勘探发掘，明确旧址的建筑布局后，经报请国家文物局批准，按照"原位、原尺度、原面貌"的原则，重建了军校校本部，建筑面积 1.06 万平方米。2004—2006 年，对旧址进行了全面大维修保护。1990 年、

2003 年、2007 年对东征烈士墓园进行了多次维修保护。黄埔军校旧址现包括校本部、孙总理纪念室、孙总理纪念碑、俱乐部、游泳池，占地总面积约 5.7 万平方米。近年来，除了对文物本体的保护，广东革命历史博物馆还与驻地部队、黄埔区有关部门及相关单位积极沟通，提升旧址周边环境，完善配套服务设施，建立安全风险监测信息平台，切实维护黄埔军校旧址本体安全和特有的历史环境风貌，最大限度保持和呈现历史真实性、风貌完整性和文化延续性。

二、深化研究，挖掘价值

作为广东省建馆时间最早的革命历史专题博物馆，广东革命历史博物馆自 1959 年成立以来，一直注重对革命文物的征集工作。1984 年接管黄埔军校旧址的管理以后，将黄埔军校相关藏品作为重点征集对象。有关黄埔军校的藏品，主要包括：1.1924—1949 年（侧重于 1924—1927 年），黄埔军校师生在校期间使用过的物品；2.1949 年以前，黄埔军校师生离校后从事革命活动的相关物品；3.中华人民共和国成立以来，黄埔军校师生使用过的具有纪念意义的物品。

目前，广东革命历史博物馆已经形成了数量丰富、种类齐全、体系完整的黄埔军校藏品系列，是广东省内收藏革命文物数量最多的博物馆，也是国内收藏黄埔军校专项藏品数量最多的博物馆。馆内现有黄埔军校藏品 1303 件（套），其中包括一级文物 2 件（套），二级文物 17 件（套），三级文物 150 件（套）。

黄埔军校研究一直是广东革命历史博物馆的重要领域。近年来，博物馆依托丰富的馆藏资源，加强对黄埔军校相关史料的收集整理，开展对黄埔军校校史、黄埔军校毕业生等专题研究，整理编辑出版了《黄埔军校史料》《黄埔军校师生回忆录》《黄埔军校图志》《国民革命与黄埔军校》《黄埔日刊》等一批与黄埔军校研究相关的基础性资料，与广东人民出版社合作出版了"黄埔军校人物传记系列丛书"，推出了黄埔军校人物传记系列书籍。

口述历史研究是广东革命历史博物馆开展的一项重点工作。为抢救正在消逝的历史，广东革命历史博物馆于 2014 年成立"黄埔军校口述历史研究中心"，与专业口述历史团队和机构合作，推动两岸黄埔老兵的口述历史采访工作。至今已采访中国大陆黄埔老兵 100 余人，中国台湾黄埔老兵 41 人，积累了极其丰富的第一手资料。以采访的黄埔老兵影像资料为基础，博物馆连同广东人民出版社编辑出版了《我们的远方故事：中国远征军中的黄埔军人口述录》并主办"黄埔军校口述史暨口述历史成果的多元化应用"等主题学术研讨会。

三、有效利用，让文物活起来

1984 年起，黄埔军校旧址各文物点逐步对公众开放。40 年来，广东革命历史博物馆坚持文物保护工作方针，坚持以观众为中心，不断提升黄埔军校旧址的开放服务水平。近年来，黄埔军校旧址每年的参观人数都超过 200 万人次，是广东省内参观人数最多、关注度最高的文博场馆之一。2023 年，黄埔军校旧址获评 AAAA 级旅游景区，彰显了文旅融合的独特魅力。

充分利用文物资源打造精品展陈。广东革命历史博物馆坚持"旧址就是最重要的文物展品和展示空间"的理念，强化最新学术研究成果转化，运用时代语言解读黄埔军校历史，探索革命旧址展示与主题陈列相结合、主题陈列与原状陈列相结合的策展模式。先后策划了"黄埔军校史迹展""校本部复原陈列""黄埔群英油画展""铁血东征""寻梦黄埔岛——孙中山先生故居专题展"等 7 个基本陈列。围绕黄埔军校主题，定期推出主题突出、内涵丰富、形式新颖的临时展览，策划了"共产党人与黄埔军校""孙中山与黄埔军校""铁血铸军魂——中国远征军中的黄埔军人""志在冲天——中国空军的抗战记忆展""触摸黄埔——馆藏黄埔军校文物特展"等一批精品展览。与黄埔军校师生亲属联合推出周恩来、陈赓、李其芳、陈克非、梁友铭、袁振英等个人生平事迹展，逐步形成了"黄埔军校校史"和"黄埔军校名人"两大系列展览品牌。

积极开展合作共建，强化旧址的教育功能。近年来，广东革命历史博物馆与中共广东省委党校、华南师范大学、南方电网、武警广州市消防支队等单位合作，开展现场党史教学，开发"信仰的力量"党课，将黄埔军校旧址打造成党员教育的"红色课堂"。博物馆充分利用旧址资源，助力中小学教育教学实践，推进"大思政课"建设，通过组织学生参观、送展送课到校、举办军事文化研学营等方式，帮助广大中小学生接受革命传统和爱国主义教育。

深化对外交流，不断扩大黄埔军校影响力。黄埔军校是广州市重要的城市文化名片，在海内外享有较高的知名度和影响力。40 年来，广东革命历史博物馆积极拓展宣传渠道，与海外博物馆和社会机构合作，以扩大国际影响力，并与韩国独立纪念馆联合举办"黄埔军校与抗日战争（1931—1945）""韩国独立运动与广东"等展览，加强了两馆乃至两国人民之间的联系，凝聚了共识，增进了理解和友谊；与美东黄埔陆军官校同学会联合推出"孙中山与黄埔军校——纪念孙中山诞辰 150 周年暨黄埔军校建校 92 周年图片展"，该展览分别在美国纽约、芝加哥、洛杉矶，以及加拿大埃德蒙顿巡回展出，取得了良好的社会效益。

四、传承革命精神，凝聚复兴伟力

黄埔军校以孙中山先生"创造革命军队，来挽救中国的危亡"为宗旨，以"亲爱精诚"为校训，旨在培养军事与政治人才、组成以黄埔学生为骨干的革命军，实行武装推翻帝国主义和封建军阀在中国的统治完成国民革命。一批批黄埔师生，在东征、北伐和抗日战争中用鲜血和生命共同培育了爱国革命、团结合作、奋斗牺牲的高尚品质，为我们留下了宝贵的精神财富，具有深远的历史意义和现实意义。在强国建设、民族复兴的新征程上，同样需要海内外中华儿女团结起来，弘扬爱国主义精神，凝聚起奋进伟力。

黄埔军校旧址自开放以来，受到社会各界的广泛关注。多位党和国家领导人曾莅临旧址考察调研，一些国家政要和知名人士也到旧址参观。许多黄埔军校毕业生及其亲属纷纷到旧址瞻仰，追忆激情岁月，感悟黄埔精神时代内涵。

2024 年 6 月 16 日，习近平总书记致信祝贺黄埔军校建校 100 周年暨黄埔军校同学会成立 40 周年，在贺信中指出黄埔军校是第一次国共合作的产物，是我国第一所培养革命军队干部的学校。

历经百年沧桑，黄埔军校旧址不仅是重要的革命文物，更是宝贵的红色资源。站在新的起点，肩负新的文化使命，广东革命历史博物馆将坚持以习近平新时代中国特色社会主义思想为指引，贯彻落实党的二十大、党的二十届三中全会精神，学习贯彻习近平文化思想，坚定文化自信，坚持守正创新，紧紧依靠专家学者，与有关单位合作，深入开展黄埔军校研究，深入挖掘黄埔军校的历史内涵、革命精神和时代价值，不断拓展革命文物展示平台，创新红色文化传播渠道，讲好黄埔故事，努力把黄埔军校旧址打造成维系黄埔军校校友及后代情感的重要桥梁，凝聚广大中华儿女爱国情怀的广阔平台，开展革命传统和爱国主义教育的生动课堂，助力文旅融合高质量发展的示范基地，成为展示广州深厚历史文化底蕴的金色名片。为推动文化繁荣、建设文化强国、建设中华民族现代文明，实现中华民族伟大复兴作出更大贡献，为强国建设、民族复兴凝聚强大力量。

目　录

书刊传单

证件证章

军校生活物品

书信笔记

文书档案

军事及生活用品

教材讲义

政治讲演大纲

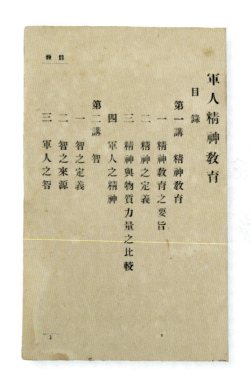

《孙大总统讲演：军人精神教育》

1924 年

长 18.8 厘米，宽 13 厘米

一般文物

1959 年拨交

　　国民党丛刊之二。1924 年 7 月中国国民党中央执行委员会宣传部印行。《孙大总统讲演：军人精神教育》共 44 页，着重阐释精神教育的要旨与定义，指出革命军人应具备"智""仁""勇"的精神。这是 1921 年 12 月孙中山在广西桂林对滇赣粤军作"军人精神教育"的系列演讲之一，是孙中山军队精神教育中最具代表性之作。

　　孙中山（1866—1925），名文，号逸仙，广东香山（今中山）人。中国民主革命的伟大先驱，曾任黄埔军校总理。

《廖党代表讲演集》

1926 年

长 18.8 厘米，宽 13 厘米

三级文物

1959 年拨交

　　1926 年 3 月国民革命军中央军事政治学校政治部印。讲演集共 33 页，收集了校党代表廖仲恺在军校的 7 篇讲话，包括《救国的三要件》《作事必须有恒心》《学生当耐受军事训练》《革命党应有的精神》《对教导团全体官兵演说》《对入伍生训话》《中国实业的现状及产业落后的原因》。

　　廖仲恺（1877—1925），原名恩煦，字仲恺，广东归善（今惠州）人。曾任黄埔军校党代表。1925 年在广州被国民党右派暗杀。

《俄国共产党之建设》（一）

1926 年

长 18.5 厘米，宽 13 厘米

三级文物

1959 年购买

政治丛书第二种。1926 年 12 月中央军事政治学校政治部翻印。讲义共 60 页，内容包括"党员问题""纪律""党之组织的建设""小组""党对于非党组织的指导""监查委员会"等。此外，还载有蒋介石的《印行俄国共产党之建设感言》和陈果夫作的序言。

此本《俄国共产党之建设》仅为前半部。1926 年 7 月蒋介石在韶关督师北伐时所得。随后，他吩咐陈果夫寻觅该书后半部。遗憾的是，始终未能找到完整版本，只好先将前半部刊印出来。

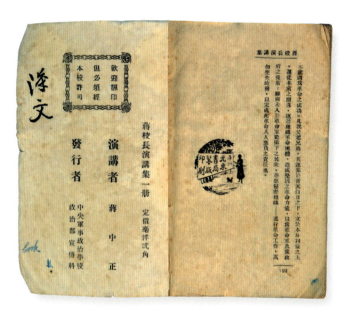

《蒋校长演讲集》（一）

1927 年

长 18.5 厘米，宽 13 厘米

三级文物

1959 年拨交

　　政治丛书第四种。1927 年 2 月中央军事政治学校政治部出版。演讲集共 292 页，收集了蒋介石任黄埔军校校长和国民革命军总司令期间的训话和演讲词 25 篇，附有黄埔军校第二、第三、第四期同学录序等 19 篇。

　　蒋中正（1887—1975），字介石，浙江奉化人。曾任黄埔军校校长。

《国民革命》

1926 年

长 18.5 厘米，宽 13 厘米

三级文物

1959 年拨交

　　政治讲义第二种。恽代英编纂，1926 年 9 月中央军事政治学校政治部出版。讲义共 24 页，分"革命的意义""中国的革命运动""我们的力量"三个部分，阐述了革命与进化的关系、三民主义指导革命的重要性，以及联合农工、联合世界革命势力的正确性，旨在使学生明了革命的意义和中国革命爆发的必然。

　　恽代英（1895—1931），籍贯江苏武进，出生于湖北武昌。1926 年任黄埔军校政治主任教官。1931 年在南京英勇就义。

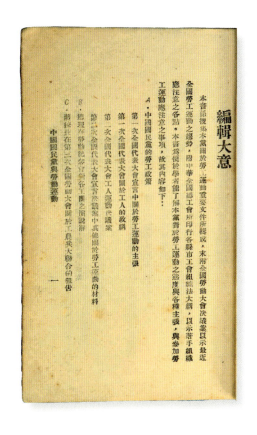

《中国国民党与劳动运动》

1926 年

长 18.2 厘米，宽 12.8 厘米

三级文物

1959 年购买

　　政治讲义第六种。恽代英编纂，1926 年 9 月中央军事政治学校政治部出版。讲义共 62 页，收集了《中国国民党的劳工政策》《总理在劳动纪念会对各工团之演说辞》等中国国民党关于劳工运动重要文件，末附《各县或独立市工会组织法大纲》。

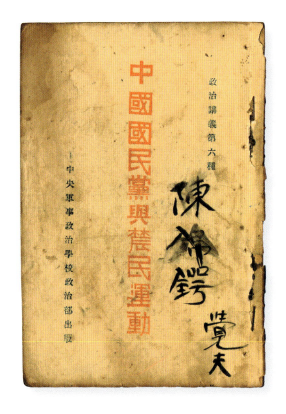

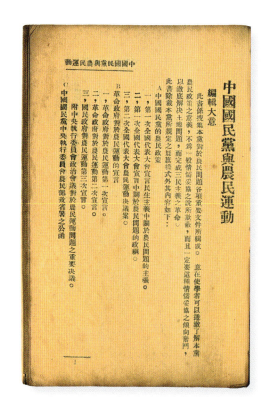

《中国国民党与农民运动》

1926 年

长 18 厘米，宽 13 厘米

三级文物

1959 年购买

　　政治讲义第六种。恽代英编纂，1926 年 9 月中央军事政治学校政治部出版。讲义共 48 页，分为"中国国民党的农民政策""革命政府对于农民运动的宣言""中国国民党中央执行委员会农民部致省署之公函""总理对农民运动讲习所毕业生训词"及"总理审定之农民协会章程"五部分，辑录中国国民党关于农民问题各项重要文件，旨在帮助学生了解中国国民党所实行的土地及农民政策。

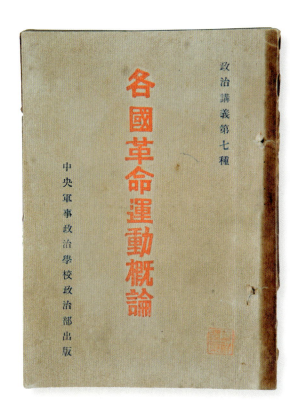

《各国革命运动概论》

1926 年

长 18.5 厘米，宽 13 厘米

一般文物

1959 年拨交

政治讲义第七种。汤澄波著，1926 年 9 月中央军事政治学校政治部出版。讲义共 80 页，分为"导论""英国的革命运动""美国的革命运动""法国的革命运动""德国的革命运动""俄国的革命运动""现世的革命运动"7 章，尝试运用"社会的物质因素"解释一切的革命运动。

汤澄波（1903—1969），广东番禺人。1926 年任黄埔军校政治教官。

《社会进化史》

1926 年

长 18.5 厘米，宽 13.1 厘米

一般文物

1959 年拨交

    政治讲义第九种。廖划平编述，1926 年 10 月中央军事政治学校政治部出版。讲义共 62 页，分"人类社会的三阶段""原始共产社会""氏族社会""封建社会""城市手工业社会""商业资本主义社会""工业资本主义社会""共产主义社会"8 章，运用马克思主义基本原理阐释人类社会进化的历史。

    廖划平（1891—1952），四川内江人。1926 年任黄埔军校政治教官。

《社会科学概论》

1926 年

长 18.2 厘米，宽 13 厘米

三级文物

1959 年拨交

　　政治讲义第十种。萧楚女编述，1926 年 11 月中央军事政治学校政治部出版。讲义共 80 页，分"总论""社会及其意义""经济及社会之真实基础""政治""法律与道德——伦理学说""风俗与文化"6 章。

　　萧楚女（1893—1927），湖北汉阳人。1926 年任黄埔军校政治教官。1927 年在广州"四一五"反革命政变中被捕遇害。

《苏联状况大纲》

1927 年

长 17.9 厘米，宽 12.9 厘米

一般文物

1959 年拨交

　　政治讲义第十一种。赵文炳编，1927 年 2 月中央军事政治学校政治部出版。讲义共 63 页，分"革命前之政治与革命运动""军事共产时期与新经济政策""苏维埃政府之内政与外交""苏俄之农工与红军""苏俄组织与苏联组织之关系及其宪法之规定"5 讲。

　　赵文炳，个人生平不详。

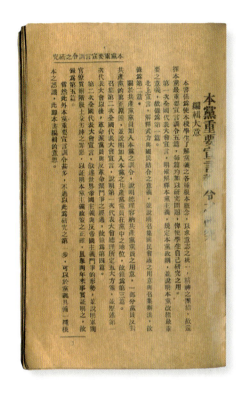

《本党重要宣言训令之研究》

1926 年

长 19 厘米，宽 13 厘米

三级文物

1959 年拨交

　　中央军事政治学校政治讲义丛刊第一种。恽代英编纂，1926 年 9 月中国国民党中央军事政治学校政治部印行。讲义共 54 页，载有《国民党第一次全国代表大会宣言》《北上宣言》《关于共产党员加入本党之训令》《召集第二次全国代表大会宣言》《第二次全国代表大会宣言》等中国国民党重要宣言训令 5 篇，每篇文献后有若干"研究问题"。

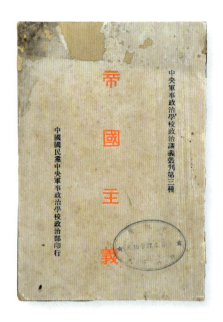

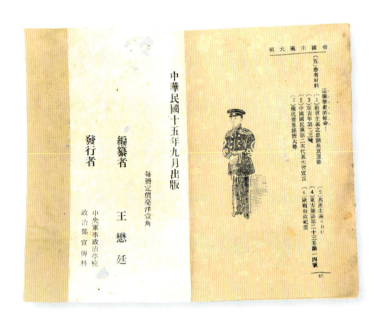

《帝国主义》

1926 年

长 18.7 厘米，宽 13 厘米

一般文物

1960 年拨交

　　中央军事政治学校政治讲义丛刊第三种。王懋廷编纂，1926 年 9 月中国国民党中央军事政治学校政治部印行。讲义共 46 页，分"帝国主义之内容""帝国主义之历史的发展""帝国主义之崩溃" 3 章，每章前有若干"研究问题"。

　　王懋廷（1898—1930），又名德三，云南祥云人。1926 年担任黄埔军校政治教官兼政治部宣传科科长，讲授《帝国主义》。1930 年在昆明英勇就义。

《中国国民党重要宣言训令讲义》

1927 年

长 18.5 厘米，宽 13 厘米

三级文物

1959 年拨交

　　黄埔丛书之一。余明鉴编，1927 年 5 月中央军事政治学校政治部出版。讲义共 53 页，辑录了中国国民党改组后发表的重要宣言及训令等，旨在使黄埔军校军官训练班学员理解中国国民党的主义、政纲及党的纪律。

　　余明鉴（1902—1968），湖南醴陵人。毕业于北京大学，黄埔军校第五期政治教官。

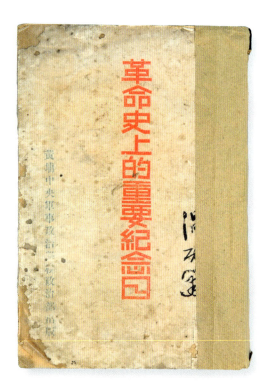

《革命史上的重要纪念日》

1927 年

长 18.5 厘米，宽 13 厘米

三级文物

1959 年拨交

　　黄埔丛书之九。谢振铎编，1927 年 8 月黄埔中央军事政治学校政治部出版。封面和书根有"温功甫"签名。全书共 442 页，分"总理纪念""先烈纪念""国庆纪念""国耻纪念""民众运动纪念""帝国主义惨杀纪念""军阀惨杀纪念""国际纪念" 8 篇。

　　谢振铎，生卒年不详，湖南宁乡人。黄埔军校第六期少校经理教官。

　　温功甫，生卒年不详，福建上杭人。黄埔军校第六期学生。

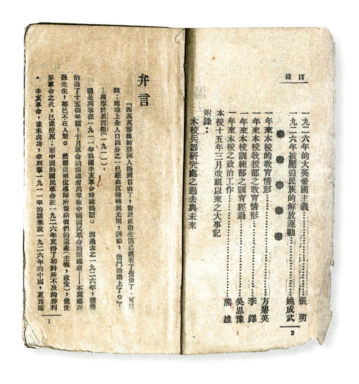

《过去之一九二六年》

1927 年

长 18.5 厘米，宽 10.5 厘米

一般文物

1960 年购买

　　黄埔小丛书第二种。1927 年 3 月中央军事政治学校政治部编印。全书共 180 页，回顾了 1926 年的国际、国内形势，工人、农民运动的开展情况，以及本校政治教育的各方面情形等，收录萧楚女的《一年来帝国主义在华势力之暗斗及其崩析》、宋云彬的《一九二六年之国际概况》、方鼎英的《一年来本校的教育情形》、熊雄的《一年来本校之政治工作》等文章。

《政治学概论》

1927 年

长 18.5 厘米，宽 13 厘米

三级文物

1959 年拨交

　　恽代英编纂，中央军事政治学校政治部宣传科发行，1926 年 9 月出版，1927 年 11 月再版。讲义共 30 页，分"政治·国家""国体·中央集权与地方分权""政体·人民参政的方式""人民的权利""党" 5 讲。

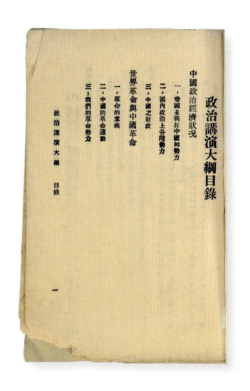

《政治讲演大纲》

1926 年

长 18.2 厘米，宽 13 厘米

三级文物

1960 年购买

恽代英编，1926 年中央军事政治学校入伍生部政治部印行。讲义共 36 页，第一章为"中国政治经济状况"，主要讲述"帝国主义在中国的势力""国内政治上各种势力""中国之财政"等内容；第二章为"世界革命与中国革命"，主要讲述"革命的意义""中国的革命运动""我们的革命势力"等内容。

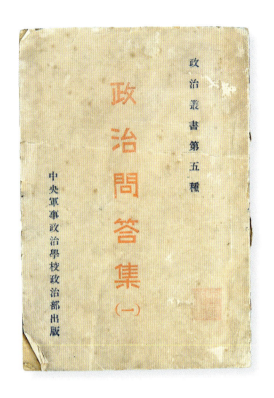

《政治问答集》(一)

1927 年

长 18.5 厘米，宽 12.8 厘米

三级文物

1959 年拨交

政治丛书第五种。1927 年 2 月中央军事政治学校政治部出版。全书共 166 页，分为"关于本党的主义政策组织系统等""关于马克思列宁的主义政策等""关于各种主义学说"等 10 编。

黄埔军校设有"政治问答箱"，学生可把疑问投放到箱中，每星期一开箱后，由主任、教官分别以书面或口头形式进行答复，具有代表性的问答会被刊发于校刊。政治部将恽代英、萧楚女和张秋人等人在《黄埔日刊》上发表的政治答复，编成长达十余万言的《政治问答集》。

《帝国主义侵略中国史》

1926 年

长 22 厘米，宽 16.3 厘米

一般文物

1959 年拨交

    周淦编，1926 年 9 月中央军事政治学校潮州分校政治部印。讲义共 132 页，以鸦片战争为起点，将帝国主义侵略中国的历史分为 6 个时期，再加"总论"和"结论"，共 8 章。

    周淦，个人生平不详。

《方教育长言论集》（论说类）

1927 年

长 20 厘米，宽 15.1 厘米

三级文物

2012 年购买

　　黄埔丛书第十一种。言论集共 537 页，分"论说类""演说训话类""纪念周报告类""缄电杂件类"四大类，收集了黄埔军校教育长方鼎英在黄埔军校时的讲话、演说、缄电等，共 153 篇。

　　方鼎英（1888—1976），湖南新化人。日本陆军士官学校毕业，1926 年任黄埔军校教育长兼代校长。

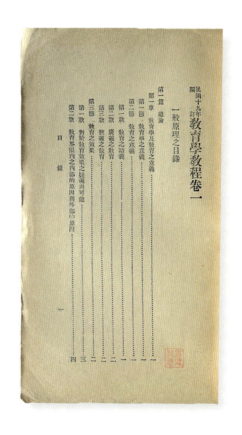

《教育学教程》（卷一、卷二）

1931 年

长 22.3 厘米，宽 15 厘米

一般文物

2021 年购买

训练总监部审定，中央军官学校编译，1931 年军用图书社印行。教程为卷一、卷二合订本，共 92 页。卷一主要讲述教育学、教育的意义、方法等一般原理。卷二主要讲述军队教育学，包括军队教育之要义、军队教育者及被教育者、军队教育实施的计划方案等。

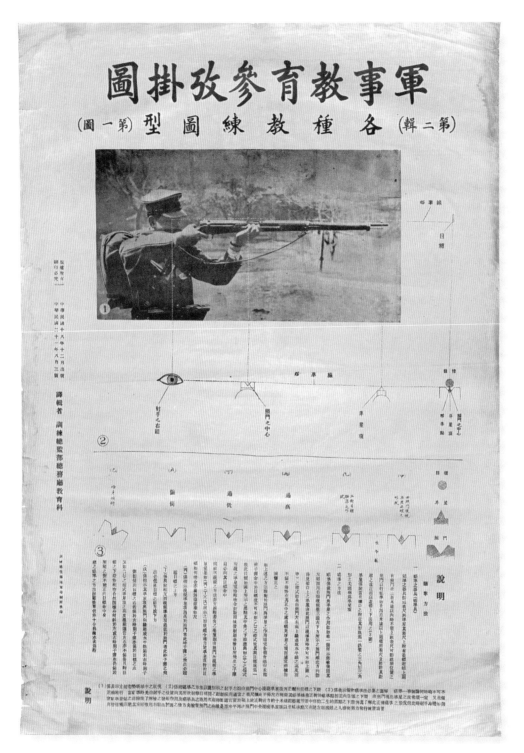

《军事教育参考挂图》（第二辑第一、第二图）

1932 年

长 77 厘米，宽 53.5 厘米

三级文物

2012 年购买

训练总监部总务厅教育科译辑，共20幅。1929年2月初版，1932年8月发行第三版。

国民政府训练总监部成立于1928年，掌管全国军队教育、所辖各军校教育和国民军事教育。

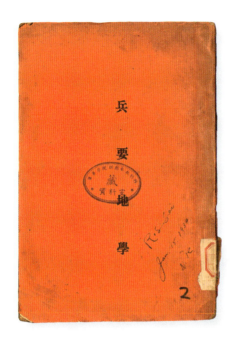

《兵要地学》

1933 年

长 21.5 厘米，宽 14.9 厘米

一般文物

2021 年购买

　　中央陆军军官学校军官高等教育班教材，游凤池编写。全书共296页，分"总说""兵要地学通论""兵要地学研究法""兵要地志之编纂""兵要地理调查法"等。

　　游凤池（1888—1960），贵州贵阳人。贵州陆军讲武堂、北洋陆军速成武备学堂、陆军大学毕业，曾任黄埔军校高级班教官。

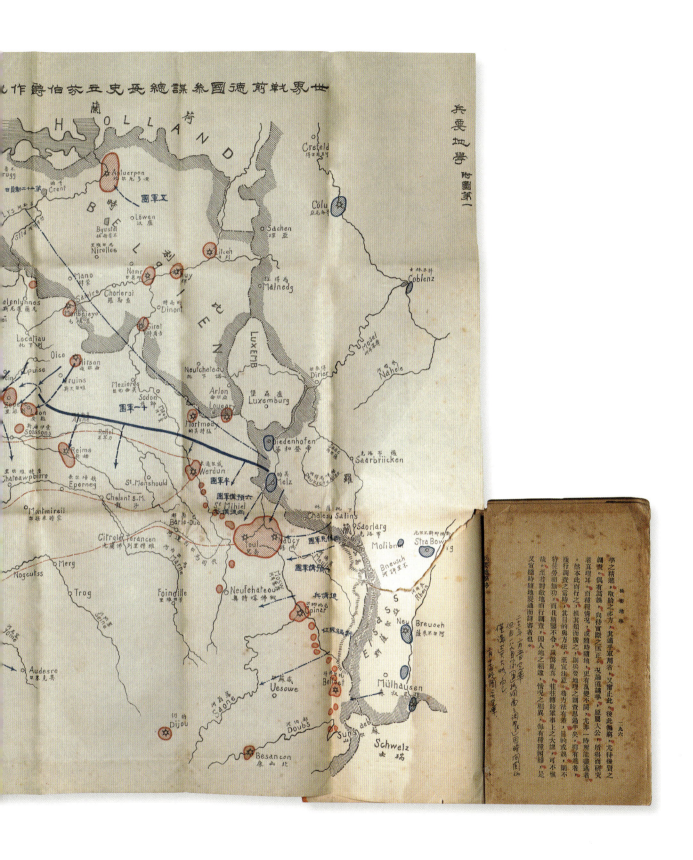

《基本战术讲义初稿》(卷下)

1937 年

长 20.2 厘米，宽 14.5 厘米

一般文物

2021 年购买

　　1937 年中央陆军军官学校印。初稿分两卷，该本为下卷，共 282 页。内容包括"搜索及谍报""警戒""行军""宿营""通信及空地联络""诸兵连合之运动战"等 12 编。

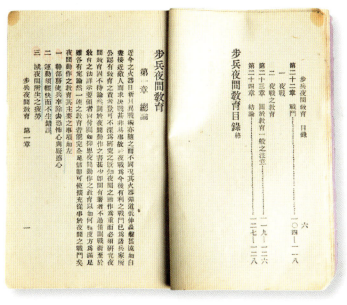

《夜间教育》

1938 年

长 16.7 厘米，宽 10 厘米

一般文物

2012 年购买

　　1938 年 7 月中央陆军军官学校特别训练班印。全书共 128 页，分"总论""武装""视力""听力""行进""测知方位及点火""射击""口号及音调识别""警戒及搜索"等 24 章。

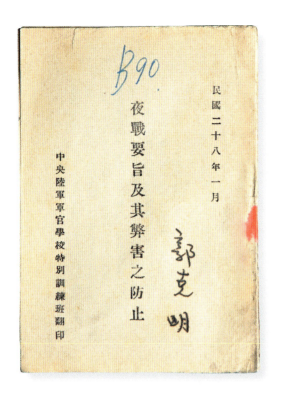

《夜战要旨及其弊害之防止》

1939 年

长 12.5 厘米，宽 9 厘米

一般文物

2012 年购买

　　陆啸涛著，1939 年 1 月中央陆军军官学校特别训练班翻印。全书共 26 页，载有"夜战之趋势""夜战之特性""夜战要旨"等内容。

　　陆啸涛（1908—1952），云南广南人。云南陆军讲武堂毕业，曾任国民革命军第一集团军总司令部参谋处处长、第三军新十二师副师长。

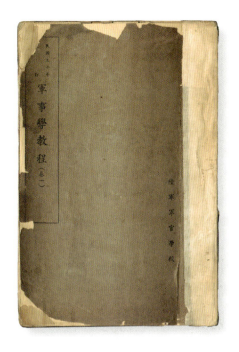

《军事学教程》（卷一）

1941 年

长 25.5 厘米，宽 17.3 厘米

一般文物

2019 年郑树发捐赠

　　陆军军官学校编，1941 年改订。教程共 132 页，分"筑城""地形""兵器"三部分。"筑城之部"含"野战筑城"1 篇，"地形之部"分"地形之见解""地图之解说"2 篇，"兵器之部"分"白兵""火器""兵器保存""弹道""照准"5 篇。

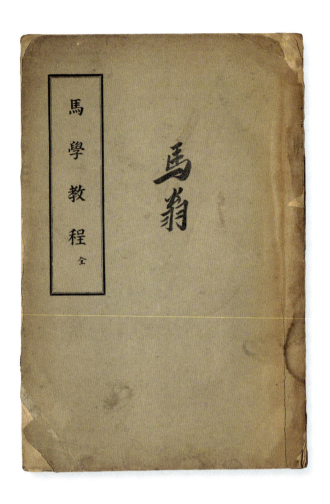

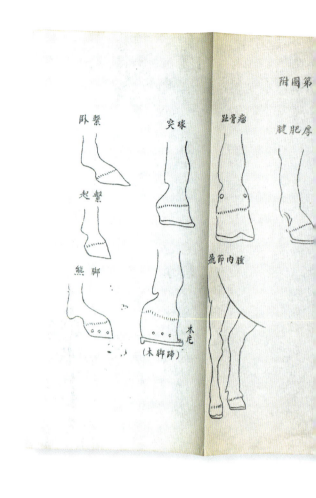

《马学教程》（全）

1942 年

长 21.8 厘米，宽 14.7 厘米

一般文物

2021 年购买

中央陆军军官学校编，1942 年 4 月武学书局发行所印刷。教程共 80 页，分"马匹概说""马体外貌""马种""饲养""管理""作业卫生""运输卫生""疾病""马匹检查"9 篇。

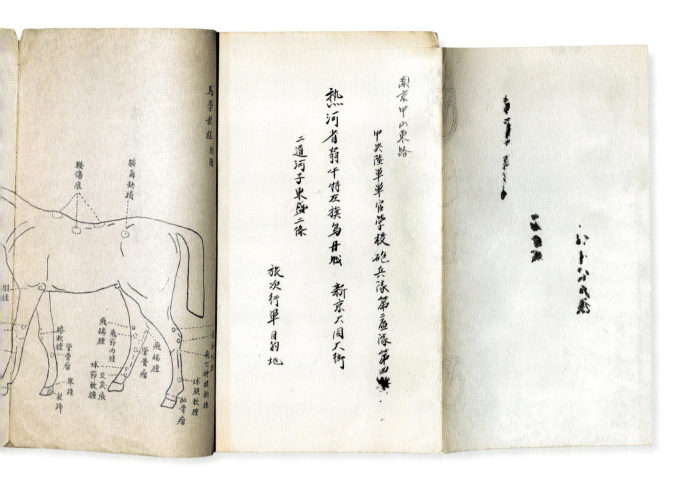

馬學教程附圖

鞍傷痕　腰角缺損

南京中山東路

中共陸軍軍官學校　砲兵隊第三區隊第四

熱河省翁牛特五旗烏丹城　新京大同大街

二道河子東段三條

旅次行軍目的地

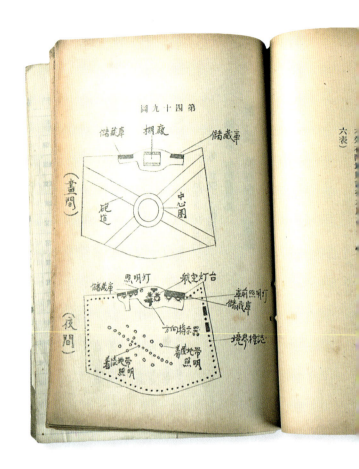

《航空学教程》（全）

1942 年

长 22 厘米，宽 14.5 厘米

一般文物

2020 年购买

中央陆军军官学校编，1942 年 4 月武学书局发行。教程共 94 页，载有"航空器各部构造及性能之概要""飞机使用法之要领""空军运用之概要"等航空战术的基础知识。

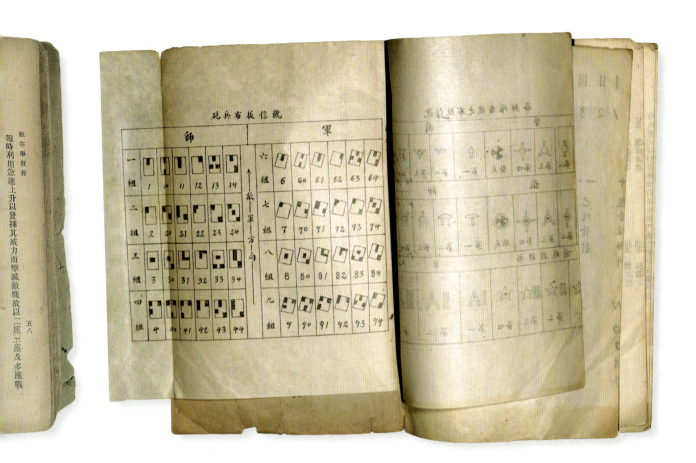

砲兵布板信號

左側縱書：

航空學教程

薇時利用急速上升以發揮其威力而擊滅敵機故以二座五座及多座戰

五八

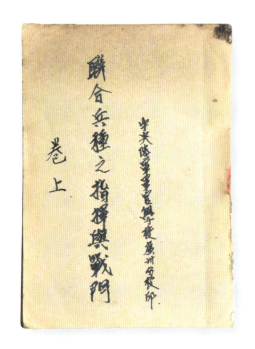

《联合兵种之指挥与战斗》（卷上、卷下）

1933 年

长 14.5 厘米，宽 10.3 厘米

一般文物

2004 年陈建平捐赠

　　1933年中央陆军军官学校广州分校印。全书共238页，分为上、下两卷，17章。卷上包括"指挥及其手段""航空队及军骑兵""搜索及警戒""遭遇战及攻击动作""追击""退却""阵地攻击""防御"等11章。卷下包括"飞机、气球、防空""战车、道路装甲汽车、装甲汽车、装车列车""毒气战""战斗部队之追送及补给"等6章。

《军制学教程》

1936 年

长 21.6 厘米，宽 14.6 厘米

一般文物

2004 年陈建平捐赠

　　黄坚叔编，1936 年中央陆军军官学校广州分校印行。教程共 192 页，分"总论""国军组成法""编制""本国军制之沿革""各国军制之沿革"5 篇，取材于保定陆军军官学校、陆军大学及黄埔军校各期军制学教程。

　　黄坚叔（1884—?），江苏如皋人。黄埔军校第七期中校军队教育教官，著有《中国军制史》《中国兵税役法考证》等。

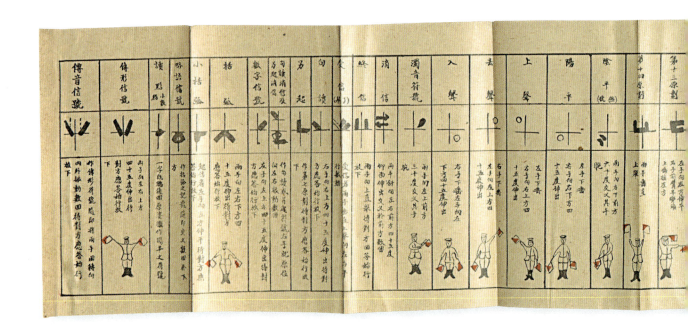

《步兵骑兵野战炮兵工兵通信教范草案》

1935 年

长 12.9 厘米，宽 9.4 厘米

一般文物

2004 年陈建平捐赠

　　1935 年中央陆军军官学校广州分校印。草案共 251 页，分"一般要领""电话通信""视号通信""符号通信法修技"4 章，内附有军事手旗通信图解。

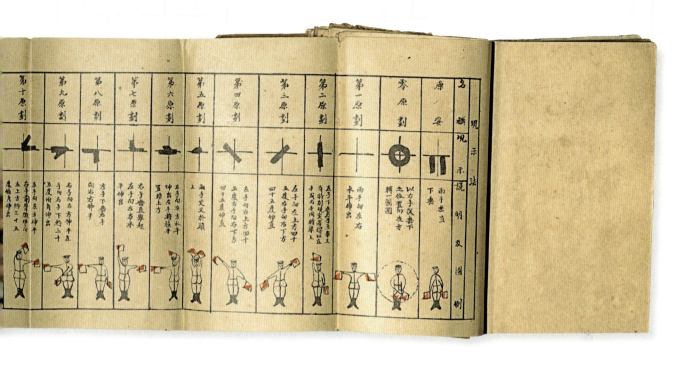

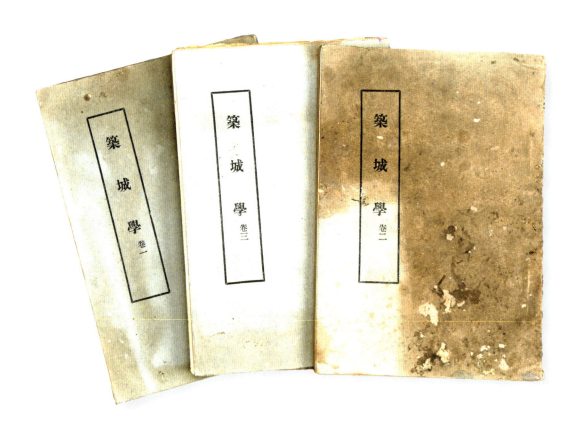

《筑城学》(卷一、卷二、卷三)

1937 年

长 21.5 厘米，宽 15.6 厘米

一般文物

2004 年陈建平捐赠

　　何澄编述，1937 年中央陆军军官学校广州分校印行。全套书分"筑城之沿革""筑城之实施""筑城之运用"三卷，每卷一册。卷一35页，卷二136页，卷三116页。

　　何澄（1880—1946），字亚农，山西灵石人。日本陆军士官学校第四期步兵科毕业，曾任保定陆军速成学堂兵学教官。

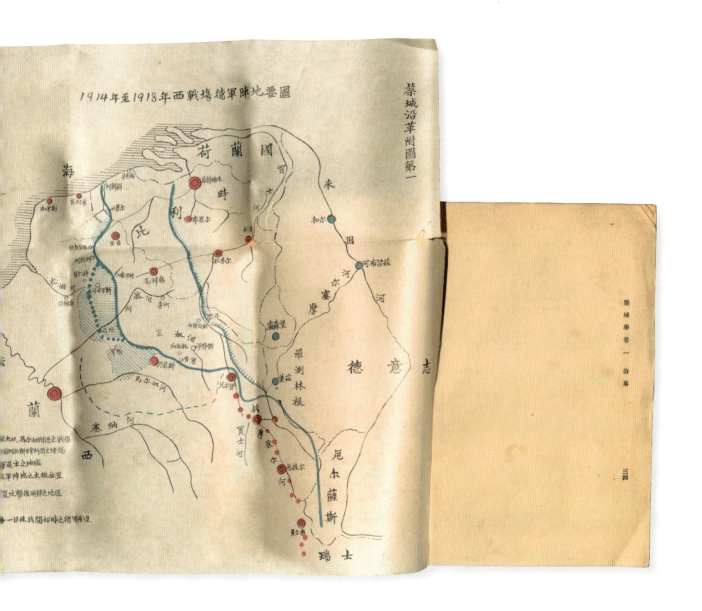

1914年至1918年西戰場德軍陣地要圖

藁城沿革附圖第一

藁城學卷一沿革

三四

《兵器学教程》

1937 年

长 21.6 厘米，宽 15.3 厘米

一般文物

2004 年陈建平捐赠

1937年中央陆军军官学校广州分校印行。教程共386页，分"射击学""抛射药破坏药及点火药""炮兵""步兵""战车""飞机之武装及防御""毒气战"7篇。另有子弹飞行时空气运动摄影图24幅，兵器参考图46种，附表3个。

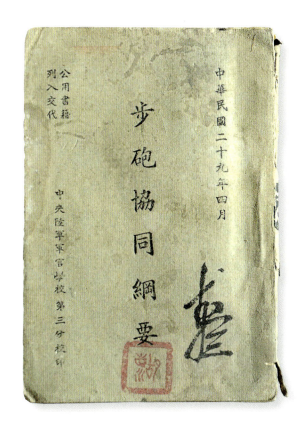

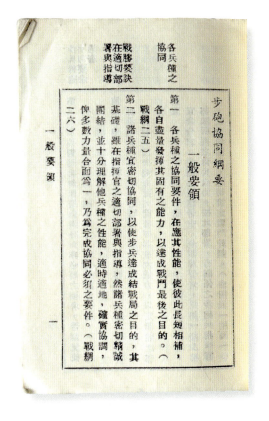

《步炮协同纲要》

1940 年

长 13.4 厘米，宽 9.3 厘米

一般文物

2021 年购买

　　1940 年 4 月中央陆军军官学校第三分校印。该书为军校和军队开展步炮协同教育的主要教材之一，共 58 页，分"一般要领""攻击""防御""追击""退却"5 个部分，书后附录"师炮兵指挥官策定战斗计划之一例"表和"步炮协同之部署要图"等。

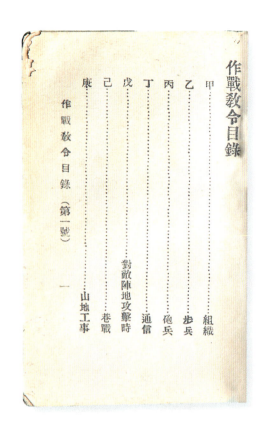

《作战教令》(第一辑)

1938 年

长 12.8 厘米，宽 9.3 厘米

一般文物

2012 年购买

　　1938 年 4 月中央陆军军官学校第四分校教育处印。教令共 106 页，分 5 篇，第一、第二号令由军事委员会第一部战术研究组编印，第三至第五号令由军事委员会军令部第一厅第四处编印。前四号令是基于各战区前方各级指挥官的作战经验，经过综合整理而成的教令。第五号令为"国军抗战连坐法"。

书刊传单

《中国军人》(创刊号)

1925 年

长 18.8 厘米，宽 13.2 厘米

三级文物

1959 年拨交

　　1925 年 2 月 20 日创刊，初为半月刊，第 6 期开始转为不定期出版，前后共出版 9 期，每期发行量达 2 万册。创刊号共 43 页。本刊为中国青年军人联合会会刊，以团结革命军人、拥护革命政府、宣传革命精神为主旨，是黄埔军校诸多期刊中，创办较早且影响广泛的一份期刊。

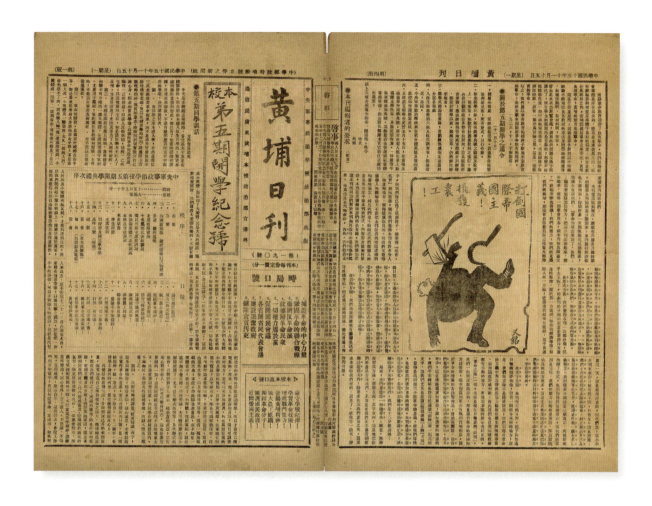

《黄埔日刊》（第一九〇号）

1926 年

长 39 厘米，宽 55 厘米

三级文物

2001 年购买

　　1926 年 3 月创刊，由中央军事政治学校政治部编辑出版，原名《国民革命军中央军事政治学校日刊》。同年 5 月更名为《黄埔日刊》，是黄埔军校的机关报，每日发行量达 2.6 万份，较全面地反映了广州时期（1926—1930）黄埔军校的教育、生活、思想等情况。

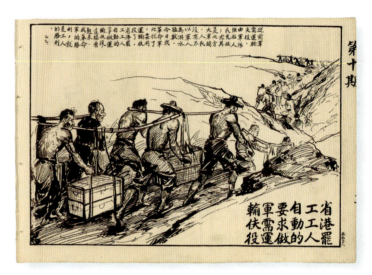

《革命画报》（周刊）

1926—1927 年

长 19.3 厘米，宽 27 厘米

一般文物

2018 年购买

　　1926 年 5 月创刊，梁鼎铭、梁又铭兄弟相继担任主编，逢周五由中央军事政治学校政治部编辑出版，为周刊。画报以漫画的形式，传播新闻、讽喻时事、宣传革命，具有鲜明的时代性和战斗性，是中央军事政治学校出版的唯一一种以漫画为媒介的刊物。

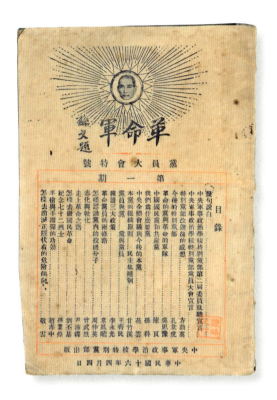

《革命军》（第一期）

1927 年

长 18.9 厘米，宽 13.2 厘米

三级文物

1959 年购买

  1925 年 2 月 1 日创刊，原名《青年军人》，第 6 期后更名为《革命军》。最初每期印数为 5000 份，第 3 期后增至 1 万份。《革命军》第一期 93 页。本刊由黄埔军校特别党部创办，旨在团结革命青年军人，宣扬三民主义。它是黄埔军校创办较早的期刊之一。

《黄埔潮周刊》（创刊号）

1926 年

长 18.5 厘米，宽 13.2 厘米

三级文物

20 世纪 60 年代购买

　　1925 年 10 月由黄埔军校政治部创刊，后并入《黄埔日刊》副刊，1926 年 7 月改由黄埔同学会宣传科编辑出版，沿用原刊名。这是改版后的创刊号，共 64 页，载有《黄埔同学会成立的真意义》《同学会组织的必要》《会务报告》《本会职员小组成立纪要》《本会章程》等文章，集中阐释黄埔同学会的宗旨与使命等。

《韩江潮》（第二期）

1926 年

长 26.5 厘米，宽 18.3 厘米

三级文物

1959 年购买

　　1926 年 4 月陆军军官学校潮州分校政治部印，共 38 页。由潮州分校政治部组织科科长、共产党员杨嗣震创办，为黄埔军校潮州分校校刊。

　　黄埔军校潮州分校成立于 1925 年 12 月，是黄埔军校开设的第一所分校。该分校至 1926 年底结束，共举办了两期，毕业学生共计 728 人。

　　杨嗣震（1895—1927），祖籍江西九江，出生于湖北黄梅。1925 年参加两次东征，曾任东征军总政治部组织科科长、黄埔军校潮州分校政治部组织科科长兼政治教官。1927 年南昌起义后被捕就义。

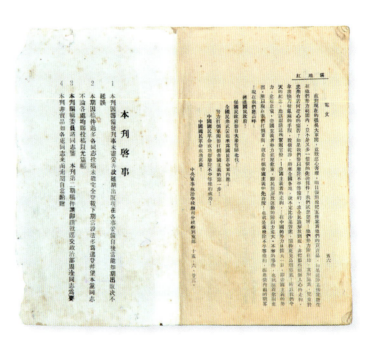

《满地红》（第一期）

1926 年

长 22.7 厘米，宽 15.3 厘米

一般文物

1959 年购买

    1926 年 8 月创刊，中央军事政治学校潮州分校特别党部出版，共 56 页。本刊以武装党员、统一意志、精诚团结而完成总理未竟之志为宗旨。

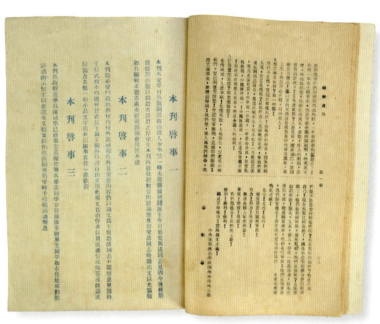

《潮潮》（一）

1926 年

长 24.5 厘米，宽 17.5 厘米

三级文物

1959 年购买

　　1926 年 7 月中央军事政治学校潮州分校政治部出版，为周刊，共 18 页。取名《潮潮》，意在"绘潮之状，讨论潮之意义，报告潮之消息"，辟有评论文、短评、自由文坛、新闻摘要等栏目。

《中央军事政治学校第四期学生毕业纪念册》

1926 年

长 25.8 厘米，宽 18.5 厘米

三级文物

1959 年拨交

　　1926 年 10 月中央军事政治学校政治部宣传科编，广州开智书局承印。纪念册内文共 74 页，载有黄埔军校第四期学生的人数统计、籍贯、年龄等基本情况，以及周恩来的《军队中的政治工作》、恽代英的《军队中政治工作的方法》《中央军事政治学校政治教育大纲草案》等。

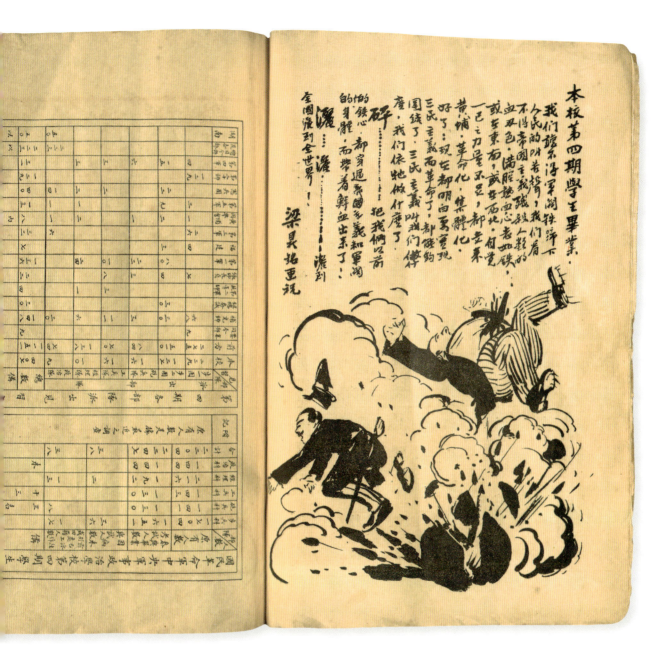

本校第四期学生毕业，
我们馆系冯军阀铁师下
人民的呼苦声，我们看
不得帝国主义残杀人类的
血双色，满腔热忱者如铁的
或东来西北，或立来
一已之力量不足，都立来
黄埔，革命化，集体化，
好了，现在都明白要实现
围绕了，三民主义呼唤我们传
产，我们依地做什么了。

把我俩呼前
的镇心，都穿遍帝国多义和军阀
的身体，而带着鲜血出来了。

滩……滩……滩到
全国滩到全世界！

梁昊招画视

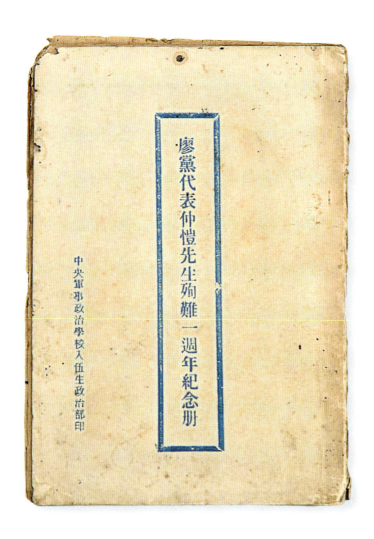

《廖党代表仲恺先生殉难一周年纪念册》

1926 年

长 18.7 厘米，宽 13.3 厘米

一般文物

1959 年拨交

　　1926 年 8 月中央军事政治学校入伍生政治部印。纪念册共 83 页，载有《为廖党代表殉国周年告全国民众书》《廖仲恺先生略传》《廖仲恺先生遗言》及何香凝的《廖先生殉国周年纪念日敬告民众》、夏凌云的《廖党代表逝世一周年的感想》等文章。

《中央军事政治学校拥护省港罢工专号》

1926 年

长 19 厘米，宽 13.5 厘米

三级文物

1960 年入藏

　　1926 年中央军事政治学校刊印。专号共 40 页，载有《中央军事政治学校拥护省港罢工宣言》《省港罢工委员会暨全体罢工工友来书》《本校答省港罢工委员会暨全体罢工工友书》及熊雄的《省港罢工的面面观》、安体诚的《援助省港罢工的要义》、王懋廷的《省港罢工不是工人"一己的问题"》等，共 10 篇文章。

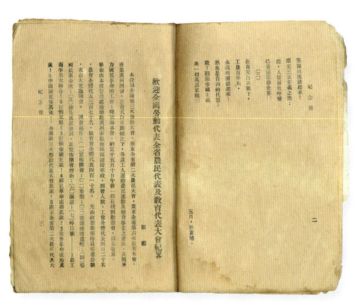

《欢迎全国第三次劳动大会代表、全省第二次农民大会代表、全省第六次教育大会代表记录》

1926 年

长 19 厘米，宽 13.2 厘米

一般文物

1959 年入藏

　　1926 年中央军事政治学校刊印。记录共 20 页，载有《欢迎全国劳动代表、全省农民代表及教育代表大会纪略》《工界代表邓中夏演说词》《省港罢工代表苏兆征演说词》等 9 篇文章，记录了 1926 年 5 月 10 日在黄埔军校举行全国第三次劳动大会、全省第二次农民大会和全省第六次教育大会代表欢迎会的始末。

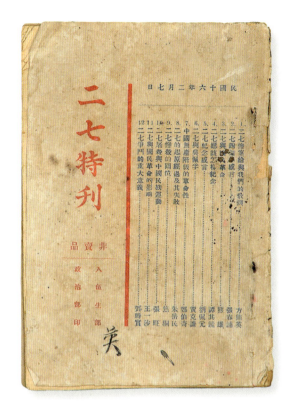

《二七特刊》

1927 年

长 19 厘米，宽 13 厘米

一般文物

1960 年购买

　　1927年2月黄埔军校入伍生部政治部印。特刊是为纪念二七大罢工三周年刊发，共56页，载有方鼎英的《二七惨案给与我们的教训》、熊雄的《二七与国民革命》、谭其镜的《二七应该怎么纪念》等文章12篇。

《拼死一战！》

1925 年

长 22 厘米，宽 31 厘米

三级文物

邓忠捐赠

　　1925 年 8 月由中国青年军人联合会印发《拼死一战！》传单，载有中国青年军人联合会《敬告工农兵商学》一文和廖仲恺遗像。

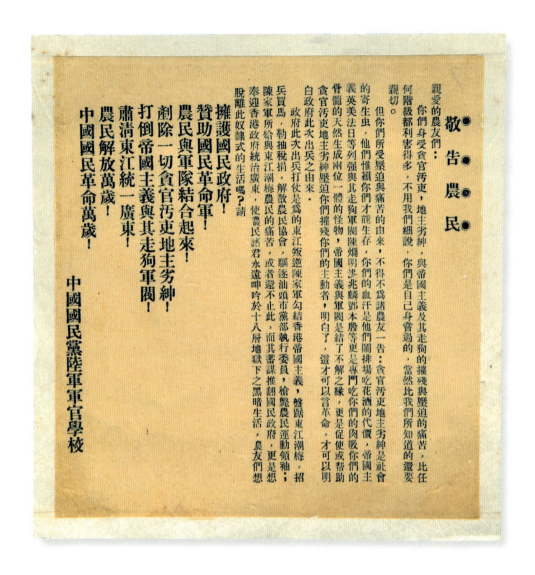

《敬告农民》

1925 年

长 20.7 厘米，宽 20 厘米

三级文物

1959 年拨交

　　1925 年由中国国民党陆军军官学校印发《敬告农民》传单，主要内容为向广东东江地区农民群众宣传国民革命军东征的意义。

对国民党，却想在党中窃据地位替蠹营私破坏党的威权

所以帝国主义军阀右派谁都不说及反对孙文主义，然而一致反对三大政策，右派和投机份子虽说不反

小心罷！一切妄自怀疑而想摇撼三大政策的人们！不以已为党之工具而以党为已之工具的人们！你们

知道你们不能自主的两腿是向着那方进行的吗？

我们始终坚信凡是革命的，必定拥护孙文主义孙文政策及国民党！全国大多数的民众是日日受着「反

俄」「反共」「反农工」「反国民党之祸的，除了误听谣言外，断不会不拥护革命的孙文主义，也断不会空言

拥护主义而不拥护实行主义所用之政策的！更不会不拥护国民党的！

全国革命的民众们！牢记着我们总理逝世二週年纪念日的口号吧！

拥护革命的孙文主义！

拥护「联俄」「联共」「扶助农工」三大政策，

拥护革命民众的利益！

巩固民主联合战线！

巩固世界革命联合战线！

巩固党的威权！

打倒常国主义的「砲舰」「分裂」「緩和」「软化」四种政策！

打倒封建军阀到底！

完成国民革命！

总理精神不死！

中央军事政治学校

十六，三，十二，前一日自黄埔发

《总理逝世第二周年纪念告全国民众》

1927 年

长 23.5 厘米，宽 38.5 厘米

三级文物

1959 年拨交

　　1927年3月，中央军事政治学校印发《总理逝世第二周年纪念告全国民众》传单，介绍孙中山的未竟之事，号召民众牢记革命口号。

總理逝世第二週年紀念告全國民衆

我們的領袖中山先生在十四年的今日溘然長逝了。他給中國革命民衆曾留下很重要的遺産：遺産就是他的主義政策及十三年改組的中國國民黨，遺業就是他致力四十年而未完成的中國國民革命。他死了二年了！他留給我們的產業怎樣了呢？這是我們民衆要檢查一下的：

他的這種偉大的遺産，是妨害着國際帝國主義的生存，中國封建階級與半封建勢力的生存的，於是乎這些怪物便力的要消滅革命的孫文主義！要破壞革命的孫文主義三大政策的國民黨！另一方面、中國革命的民衆，是託命在這個偉大的遺産上的，所以他們併力擁護革命的孫文主義三大政策和實行主義政策的國民黨！兩年來的中國革命運動就是消滅孫文主義政策及革命黨與擁護孫文主義政策及革命黨的運動即鬥爭！

這種鬥爭，總理在他抛掉他的實忠信徒而去的最後一秒鐘時，早已想到。所以他警告：「我死後，敵人將要軟化你們！你們不被軟化，敵人要來殺害你們！」

「軟化」「殺害」就是帝國主義封建與半封建勢力消滅中國革命的戰術，這是多麼應驗的預言啊！試看仲就同志被刺，「五卅」「六二三」「三一八」「九五」（萬縣）「二三」（漢口大屠殺，全國各地同志的接踵就義呀！但是把中國國民革命的高潮愈復激動起來了！

「軟化」的呢？投段降吳為張作牛馬走的有憑自由譖持馬素這一般敖逆。在國民革命軍飲馬長江而後，敵人的「殺害」戰術，變成一種威嚇，行之有效的只有軟化而已。

敵人怎樣實行「軟化」戰術呢？把本黨分為「急進」「緩進」二派，在中國革命的各階級中，誘走資產階級，使與封建階級合而爲反革命的工具。

試想『軟』和『緩』在實質上有什麼分別？

《黄埔军校生告国人书》

1936 年

长 26.1 厘米，宽 54.4 厘米

三级文物

2019 年购买

　　1936年，李新俊、赖慧鹏等156人联名发表《黄埔军校生告国人书》，列举蒋介石集团的五种罪状，并号召全国同胞联合起来，停止内战，一致对外抗日。

　　李新俊（1905—1984），广东兴宁人。黄埔军校第四期学生。曾任广西省政府委员兼民政厅厅长、国民政府政务部部长等职。1949年赴香港。

　　赖慧鹏（1902—1996），广东五华人。黄埔军校第四期学生。曾参加北伐战争。1948年任广西靖西专员兼保安司令。1949年12月，在靖西率部起义。

证件证章

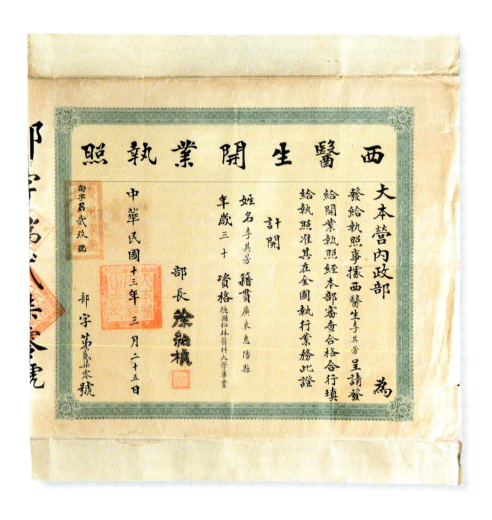

李其芳的西医生开业执照

1924 年

长 50.3 厘米，宽 49.9 厘米

一般文物

2010 年李若梅捐赠

　　大本营内政部颁发给李其芳的西医生开业执照，编号为"卫字第贰玖号""部字第贰柒零号"，钤"大本营内政部之印""广州市卫生局验讫"等印，落款有部长徐绍桢签名章。

　　李其芳（1893—1944），广东惠阳人。早年就读于上海同济医学堂，后赴德国柏林大学留学，获医学博士学位。1924 年 8 月，任黄埔军校军医部主任。1926 年，任国立中山大学医科教授、第二医院主任等职。

李其芳的黄埔军校军医部主任任命状

1924 年

任命状：长 42.6 厘米，宽 50 厘米

信封：长 32.8 厘米，宽 18.8 厘米

封套：长 35.2 厘米，宽 19.3 厘米

三级文物

2010 年李若梅捐赠

　　中华民国陆海军大元帅颁发给李其芳的陆军军官学校军医部主任任命状，一套三件，包括任命状、信封和封套。这是迄今为止发现的数量不多、保存完整的黄埔军校第一期教官委任状。

　　任命状编号为"荐字第贰陆零号"，监印李禄超，钤"中华民国陆海军大元帅之印"。信封样式为大本营秘书处制式，钤"大本营秘书处缄"章。封套以杏色宣纸托绢制成，正面写有"荐任状"三字。

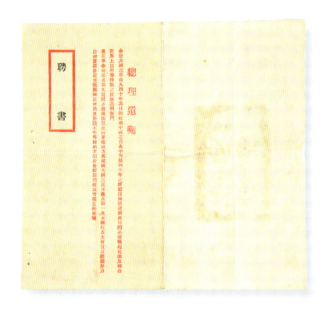

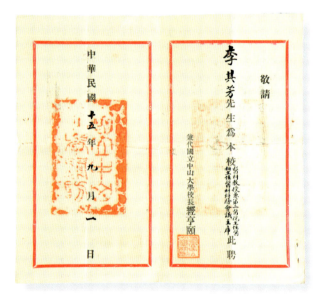

李其芳的国立中山大学聘书

1926 年

长 25 厘米，宽 11.3 厘米

一般文物

2010 年李若梅捐赠

　　1926 年 9 月，国立中山大学给李其芳颁发的聘书。聘李其芳为本校"医科教授兼第二医院主任医科主任医科科务会议主席"，钤"国立中山大学关防"印，盖兼代国立中山大学校长经亨颐签名章。封面左上侧印"聘书"二字，右侧为"总理遗嘱"。

梁佑铭的政治部中尉绘画员委任状

1926 年

长 39.1 厘米，宽 39.5 厘米

三级文物

2018 年购买

　　国民革命军中央军事政治学校委任状，编号为"第壹壹叁号"，钤"中央军事政治学校校长关防""中国国民党驻中央军事政治学校代表之印"印。

　　梁佑铭（1906—1984），即梁又铭，广东顺德人。军史画家。1926 年 7 月，任黄埔军校政治部中尉绘画员，协助兄长梁鼎铭编辑《革命画报》。抗日战争时期，梁又铭以大量史实绘画，宣扬抗战而闻名。

梁又铭的政治部宣传科编纂股上尉绘画员委任状

1927 年

委任状：长 36.3 厘米，宽 38 厘米

封套：长 29 厘米，宽 15 厘米

三级文物

2018 年购买

    国民革命军中央军事政治学校委任状，一状一封。委任状编号为"第二五八号"，钤"中央军事政治学校校长关防"印。封套编号为"校本部发字第6757号"，钤"中央军事政治学校校长关防"印。

    1927年10月，梁又铭升任黄埔军校政治部宣传科编纂股上尉绘画员，接替兄长梁鼎铭主编《革命画报》。

《忆绘北伐前之黄埔》水墨画

民国时期

长 26.8 厘米，宽 37.7 厘米

三级文物

2010 年梁政均捐赠

　　画中绘黄埔军校校本部校舍、俱乐部及军校大门外的码头和江面。画作左下角落款"忆绘北伐前之黄埔　又铭稿"。

张颖的毕业证章

1925 年

通长 7.2 厘米，通宽 3.7 厘米

二级文物

2004 年张克军捐赠

中国国民党陆军军官学校毕业证章，正面上方是圆形青天白日图案，内嵌"学"字，下方是粉红色的地球图案，中间印校训"亲爱精诚"。背面印"中国国民党陆军军官学校毕业证章"和"革命尚未成功 同志仍须努力"字样，编号为"NO.717"。

张颖（1903—1927），湖南益阳人。黄埔军校第一期学生。曾参加第一、第二次东征，1927年8月在江西会昌战斗中阵亡。

张颖的领章

1924—1925 年

长 2.9 厘米，宽 2.3 厘米

一般文物

2004 年张克军捐赠

　　黄埔军校"学"字领章，长方形，四角设有四孔固定，青天白日旗内印"学"字。

张颖的黄埔军校证章

1926—1927 年

通长 7.4 厘米，通宽 3.6 厘米

二级文物

2004 年张克军捐赠

　　中央军事政治学校证章，正面左上方是镰刀、枪、斧头图案，右上方是中国国民党党徽青天白日图案，党徽内嵌"中"字，下方是地球图案，上印校训"亲爱精诚"。背面印"中央军事政治学校证章"，编号为"NO.631"。

张颖的黄埔同学会会员证章

1926 年

通长 7.2 厘米，通宽 2.8 厘米

三级文物

2004 年张克军捐赠

　　黄埔同学会会员证章，编号为"NO.701"。正面印"黄埔同学会会员证章"，中间地球图案，印有"统一意志"字样。背面上部有青天白日图案，下印校训"亲爱精诚"。该证章见证了黄埔同学会"团结黄埔同学的精神，统一意志，完成国民革命"的成立初衷。

　　1926 年 6 月，黄埔同学会成立。凡就读黄埔军校的学生均为会员，并配发黄埔同学会会员证章。

黄埔军校第六期入伍纪念章

1927 年

通长 7 厘米，通宽 3.1 厘米

三级文物

2012 年购买

　　中央军事政治学校第六期入伍纪念章，正面上方为交叉放置的黄埔军校旗帜及国民党旗帜，下印"黄埔中央军事政治学校第六期入伍纪念章 1927"字样。背面印校训"亲爱精诚"，中间的地球图案里印"统一意志"字样，编号为"NO.864"。

黄埔军校武汉分校证章

1927 年

通长 3.8 厘米，通宽 3.6 厘米

二级文物

1965 年拣选

  中央军事政治学校武汉分校证章，正面左上方有铁锤、镰刀、枪杆交叉图案，右上方有圆形青天白日图案，中间印"中"字，下方地球图案上有校训"亲爱精诚"。背面印"中央军事政治学校证章"字样，编号为"武375"。

黄埔军校武汉分校毕业徽章

1937 年

直径 3.3 厘米

三级文物

2004 年陈建平捐赠

　　中央陆军军官学校武汉分校毕业徽章，正面外圆印"中央陆军军官学校武汉分校第二期学员毕业徽章"和校训"亲爱精诚"，内圆刻黄埔军校旗帜。背面印"明礼义""知廉耻""负责任""守纪律"等文字，编号为"314"。

黄埔军校徽章

1928—1946 年

直径 2.8 厘米

三级文物

2018 年购买

中央陆军军官学校徽章，正面印"中央陆军军官学校"，背面刻有编号"NO.1570"。

黄埔军校学生领章（一）

20 世纪 30—40 年代

直径 3 厘米

一般文物

2012 年购买

　　陆军军官学校学生领章两枚，圆形设计，深蓝色底，边缘饰以单环圈。领章中央印"学生"和"军校"字样，白色字体。每枚领章边缘均设有固定孔三个。

黄埔军校学生领章（二）

20 世纪 30—40 年代

直径 3 厘米

一般文物

2012 年购买

　　陆军军官学校学生领章两枚，均配有深蓝色底和铜质边框。一枚印"学生"字样，另一枚印"军校"字样。领章边框上均设有固定孔有三个。

黄埔军校第一分校毕业纪念章

1932 年

通长 7.2 厘米，通宽 3.5 厘米

三级文物

1965 年收藏

　　中央军事政治学校第一分校毕业纪念章，正面外圆印"中央军事政治学校第一分校第五期毕业纪念章"，内圆为青天白日旗。背面刻有编号"117"。

黄埔军校第三分校毕业证章

1926—1928 年

通长 6.4 厘米，通宽 2.8 厘米

三级文物

2012 年购买

　　中央军事政治学校第三分校毕业证章，正面印"中央军事政治学校第三分校"和"毕业"，背面印"三民主义"。

黄埔军校第五分校毕业徽章

1938—1945 年

直径 3.2 厘米

三级文物

2004 年陈建平捐赠

　　中央陆军军官学校第五分校毕业徽章，正面印"中央军校第五分校第一期干训学员毕业徽章"和校训"亲爱精诚"，背面刻有编号"248"。

军校生活物品

许德珩在军校时用的衣箱

20 世纪 20 年代

长 85 厘米，宽 49.5 厘米，高 35 厘米

二级文物

2003 年许进捐赠

　　此衣箱为许德珩在法国和黄埔军校期间所用。整体呈长方体，箱体主要材质为皮革，搭配金属配件，如铜质锁扣、包角等，皮革表面有自然磨损痕迹。

　　许德珩（1890—1990），江西九江人。1915 年考入北京大学，后参加新文化运动和五四运动。1920 年赴法国勤工俭学。1927 年回国后，任黄埔军校政治教官。

林之茂夫妇的合照

20 世纪 20 年代

长 23.6 厘米，宽 16.1 厘米

一般文物

2004 年林有成捐赠

　　林之茂（1888—1939），福建闽侯（今福州）人。毕业于保定陆军军官学校。1925 年任黄埔军校教授部战术教官。1928 年后历任中央陆军步兵学校上校教官、步兵科上校副科长。抗日战争爆发后，任步兵学校第三分校少将副主任。1939 年病逝。

林之茂在军校时用的围棋

1925—1927 年

棋罐：底径 5 厘米，腹径 12 厘米，高 10.5 厘米

棋子：直径 1.7 厘米

棋罐盖：直径 9.6 厘米

一般文物

2004 年林有成捐赠

　　木质围棋罐两个，罐身部分磨损，开裂。内装有玻璃围棋子，分黑白两色，其中黑子 19 粒、白子 20 粒。

林之茂的长袍

20 世纪 20—30 年代

衣长 117 厘米，肩宽 50 厘米，袖长 45 厘米

一般文物

2004 年林有成捐赠

　　此长袍外层面料为蓝色丝绸，内里衬有皮毛。这件长袍是林之茂就读保定陆军军官学校时购买，一直伴随其左右。林之茂病逝后，其夫人将长袍改小，继续使用。

王声聪的怀表

1925 年

直径 5 厘米

三级文物

1986 年王永波捐赠

    此怀表曾为王声聪所用。整体呈圆形，金属质地外壳，白色表盘搭配罗马数字时标，右侧设有小秒针盘。历经岁月，现表面脱离且破损，表链与表针缺失。

    王声聪（1900—1925），广东文昌（今海南文昌）人。广东陆军速成学校毕业。1924 年秋任黄埔军校学生队第一队少校队长。1925 年 5 月在平定杨（希闵）刘（震寰）叛乱时牺牲，被追赠为陆军上校。

谭其镜的制服

1926 年

上衣：衣长 68.5 厘米，肩宽 37 厘米，袖长 51 厘米

裤子：裤长 89 厘米，腰围 66 厘米

二级文物

1982 年谭镛超捐赠

　　该套制服是谭其镜任黄埔军校入伍生部政治部主任时使用。上衣为暗黄色呢绒中山装，原配有四粒铜纽扣，最下方一粒为后期所替换的电木纽扣。裤子为土黄色斜纹布制成的西裤，可见多处手缝补丁。

　　谭其镜（1904—1927），广东罗定人。黄埔军校第一期学生。1924 年毕业后留校工作，历任教导团连党代表、政治部组织科员。1926 年任入伍生部政治部主任、中央兵工试验厂党代表、国民党中央军人部驻粤委员会委员。1927 年初，任黄埔军校国民党特别党部监察委员。同年 4 月 15 日被国民党反动派逮捕，后英勇就义。

邝鄘的石墨砚

1928 年

长 16 厘米，宽 6.7 厘米，高 3 厘米

三级文物

1979 年黄崇财捐赠

砚台呈方形，石质，底部刻有"邝鄘"两字。

邝鄘（1897—1928），湖南耒阳人。黄埔军校第二期学生。毕业后任黄埔军校政治部宣传科上尉科员。1927 年参加南昌起义。1928 年参加湘南起义，组建工农革命军第四师并任师长。同年在耒阳被捕就义。

邝鄘的书箱

1928 年

长 56 厘米，宽 40 厘米，高 50 厘米

三级文物

1979 年邝祖杨捐赠

　　这是邝鄘使用过的书箱，整体为杉木结构，外观呈长方体。箱体表面涂黑色颜料，箱盖配金属锁扣，侧面装有半月形铜提手，便于携带和开合。

游曦的单人照

1926 年

长 6 厘米，宽 3.8 厘米

三级文物

1978 年游嘉华捐赠

    照片是游曦报考黄埔军校武汉分校前在重庆拍摄。

    游曦（1908—1927），原名传玉，四川巴县（今重庆渝中）人。1927 年入黄埔军校武汉分校政治大队女生队。同年"七一五"反革命政变后，随武汉分校学生编入第四军军官教导团南下广州，任女兵班班长。12 月参加广州起义，在战斗中壮烈牺牲。

游曦的笔筒

1924 年

长 8 厘米，宽 6 厘米，高 11.3 厘米

三级文物

1978 年游嘉华捐赠

　　此笔筒为革命烈士游曦所用，材质为陶瓷。整体呈现出一根褐色树干的形状。其上有两个白
釉小童，憨态可掬。树干底部还有一只小白兔，设计生动有趣。

耿荫龙在校时用的毛毯

1939 年

长 200 厘米，宽 150 厘米

一般文物

2012 年耿荫龙捐赠

    毛织品，军绿色方形毛毯，锁白色边，部分地方有撕裂缺口，毛线松散，还有缝补的痕迹。

    耿荫龙（1916—2013），江苏金坛人。黄埔军校第十六期学生。1941 年奉命奔赴缅甸仰光抢运国内抗战急需的物资。1942 年在印度参与组建战车营，训练坦克兵和卡车运输兵。1949 年随部队在成都起义。

朱剑鹏在校时用的杯子

20 世纪 40 年代

口径 9.1 厘米，通宽 12.5 厘米，高 8.8 厘米

三级文物

2003 年朱剑鹏捐赠

    铝制杯，刻有"军校""廿一""1""步"，以及"朱剑鹏"等字样。据朱剑鹏回忆，这个杯子是用击落的日军飞机残骸为原材料制成的。

    朱剑鹏，生卒年不详，江苏涟水人。黄埔军校第二十一期学生。

朱剑鹏在校时用的肥皂盒

20 世纪 40 年代

长 8 厘米，宽 6.5 厘米，通高 5 厘米

三级文物

2003 年朱剑鹏捐赠

铝制肥皂盒，盒上刻有"军校""二十一期步一中队"及"朱剑鹏"等字样。

赵耀智在校时用的脸盆

1943 年

口径 32 厘米，高 12 厘米

一般文物

2003 年赵耀智捐赠

铝质，平底撇口。外壁口沿下部刻 "K43" 字样，"K" 表示兵种为骑兵，"43" 为赵耀智的学号。

赵耀智，生卒年不详，湖南湘潭人。黄埔军校第二十一期学生。

张启东的毛毯

1948 年

长 210 厘米，宽 170 厘米

三级文物

2003 年张启东捐赠

美式军用毛毯，毛质，长方形，米黄色，缝有"张"字。这是张启东入校时领到的学生用品。

张启东（1928—？），辽宁开原人。黄埔军校第二十三期学生。曾任四川省黄埔军校同学会副会长。

符朋祥在校时用的铜碗

1949 年

口径 11.4 厘米，底径 4.7 厘米，高 4.2 厘米

一般文物

2003 年符朋祥捐赠

铜质，圈足处有 1 个直径 0.3 厘米的小圆孔。

符朋祥，生卒年不详，辽宁沈阳人。黄埔军校第二十三期学生。

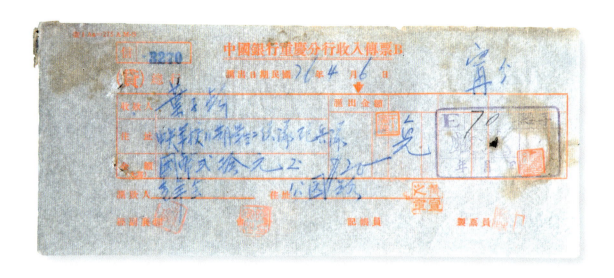

叶子钧的收入传票

1937 年

长 8.7 厘米，宽 21 厘米

一般文物

2012 年购买

中国银行重庆分行收入传票，传票号"信3270"，下联用蓝色复写纸方式复写，收款人"叶子钧"，住址"中央军校11期学生二总队炮兵队"，金额"国币贰拾元整"。右侧盖紫色"收讫"印。

叶子钧（1906—?），四川宜宾人。黄埔军校第五期学生，曾参加北伐战争。此后，他长期在军校担任教职，先后担任第八期少校区队长、第十四期中校大队长、第十五期上校大队长，至第二十二期时，升任少将高级教官。

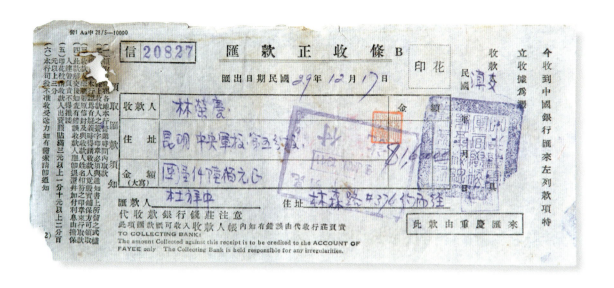

林荣庆的汇款收条

1940 年

长 8.9 厘米，宽 20.8 厘米

一般文物

2012 年购买

汇款收条由中国银行印制，收条号"信20827"，下联用蓝色复写纸复写，收款人"林荣庆"，住址"昆明中央军校第五分校"，金额"国币壹仟陆佰元整"，盖有"讫付"等印。

林荣庆，个人生平不详。

韩华的收款通知书

1941 年

长 20 厘米，宽 9 厘米

一般文物

2012 年购买

通知书由中国银行印制，收款人"韩华"，住址"中央军校特别训练班"，背面盖"中央陆军
军官学校特别训练班"印。

韩华，个人生平不详。

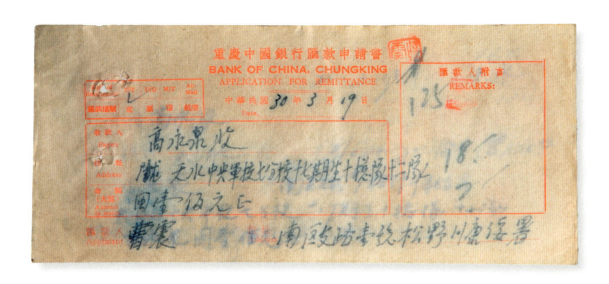

高永泉的汇款申请书

1941 年

长 9 厘米，宽 20.8 厘米

一般文物

2012 年购买

    申请书由重庆中国银行印制，用蓝色钢笔填写，收款人"高永泉"，住址"陇天水中央军校七分校十七期生十总队十二队"，金额"国币壹佰元整"，附言处盖有红色印。

    高永泉，个人生平不详。

徐原芳的汇款便查簿

1942 年

长 9 厘米，宽 20.7 厘米

一般文物

2012 年购买

　　汇款便查簿由中国银行印制，编号"信8013"，收款人"徐原芳"，住址"天水第七中央军分校第17期十总队二队"，金额"国币壹佰元整"，下联用复写纸复写。盖有红色"中国银行转账"印。

　　徐原芳，个人生平不详。

袁磊的收入传票

1943 年

长 9.2 厘米，宽 21 厘米

一般文物

2012 年购买

    中国银行重庆分行收入传票，传票号"信05675"，收款人"袁磊"，住址"成都西较场中央军校第十九期一总队二大队第四队"，金额"国币壹仟元整"，下联用复写纸复写。右上角盖"收讫"印。

    袁磊，个人生平不详。

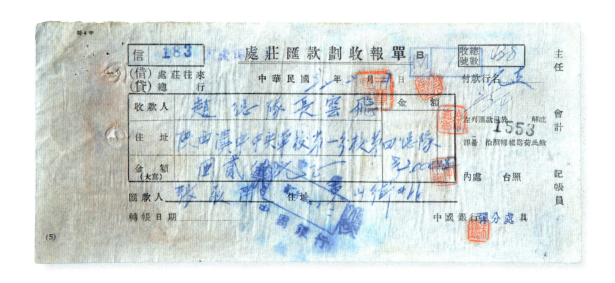

赵云飞的汇款划收报单

1943 年

长 8.7 厘米，宽 20.5 厘米

一般文物

2012 年购买

汇款划收报单，收报号"信183"，下联用复写纸复写，收款人"赵总队长云飞"，住址"陕西汉中中央军校第一分校第四总队"，金额"国币贰仟元整"。盖有蓝色"中国银行转账"印。

赵云飞，生卒年不详，陕西褒城（今汉中）人，历任中央军校洛阳分校军士教导总队大队长、中央军校第一分校第四总队总队长。

书信笔记

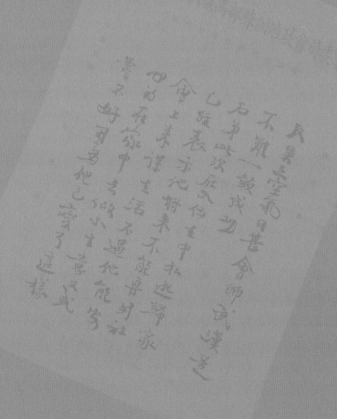

章琰的单人照

1913 年

长 13.8 厘米，宽 9.5 厘米

一般文物

2004 年姜俊武捐赠

　　章琰（1896—1925），又名姜维清，河北清苑人。1924 年任黄埔军校教官，是黄埔军校早期军制理论探索者。著有《军需独立制概论》《三民主义革命军的新精神》《中国征兵制刍议》《士兵日课问答》等论著，为军校教育作出积极贡献。军校教导团成立后任营党代表。1925 年参加第一次东征，3 月 13 日在棉湖战斗中牺牲。

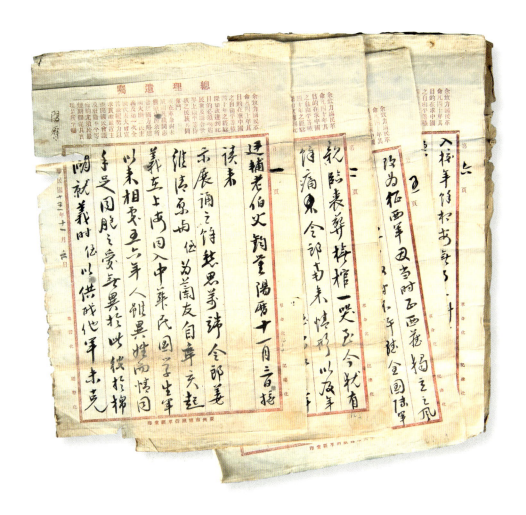

黄埔军校办公厅第四科科长赵煜给章琰家属的信（一）

1926 年

长 31.3 厘米，宽 20.8 厘米

三级文物

2004 年姜俊武捐赠

1926—1927 年间，黄埔军校军事教官兼办公厅第四科科长赵煜先后给章琰父亲姜廷辅写了 5 封信，以及军校政治部发给赵煜的公函。

第一封信写于 1926 年 11 月 3 日，共 16 页，国民革命军中央军事政治学校用笺，毛笔书写。内容主要是赵煜为办理章琰的抚恤金领取和汇寄事宜，介绍了章琰 1911—1924 年间的情况及为章琰作传一事。信末，代为起草了一封申领抚恤金的文函。

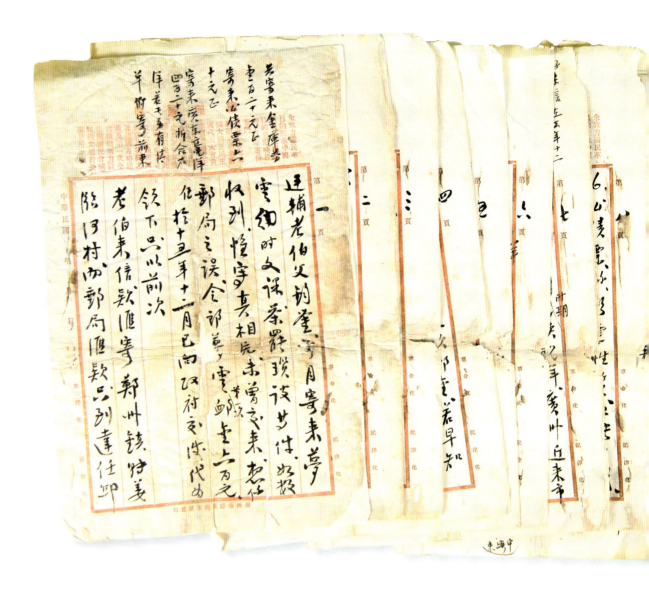

黄埔军校办公厅第四科科长赵煜给章琰家属的信（二）

1926 年

长 31 厘米，宽 20.8 厘米

三级文物

2004 年姜俊武捐赠

　　第二封信写于 1926 年 12 月 7 日，共 11 页，信件用纸为国民革命军中央军事政治学校用笺，毛笔书写。信中详细记载了章琰抚恤金的情况：一次性抚恤金 600 元，包括广东毫洋 420 元，金库券 120 元，公债 60 元。

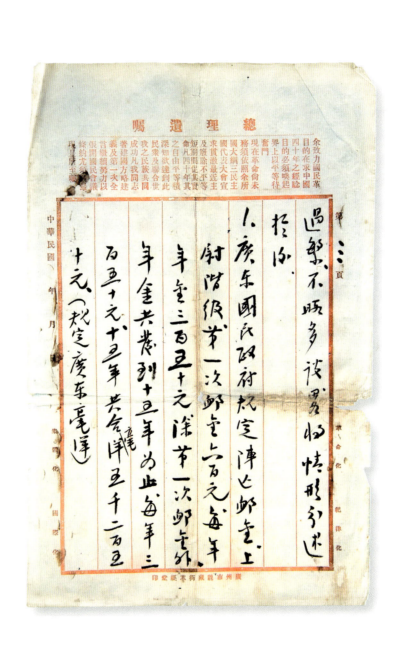

總理遺囑

余致力國民革命凡四十年，其目的在求中國之自由平等。積四十年之經驗，深知欲達到此目的，必須喚起民眾及聯合世界上以平等待我之民族，共同奮鬥。現在革命尚未成功，凡我同志，務須依照余所著建國方略、建國大綱、三民主義及第一次全國代表大會宣言，繼續努力，以求貫徹。最近主張開國民會議及廢除不平等條約，尤須於最短期間促其實現。是所至囑。

第三頁

過樂不暇多，设界况情形分述
拾你、
1. 廣東國民政府規定陣亡郵軍上
尉附級第一次郵軍六百元每年
年金三百五十元除節一次郵軍三
年金共卷到十五年為此每年三
百五十元十五年共金津五千二百五
十元、(按定廣東毫洋)

中華民國　年　月　日

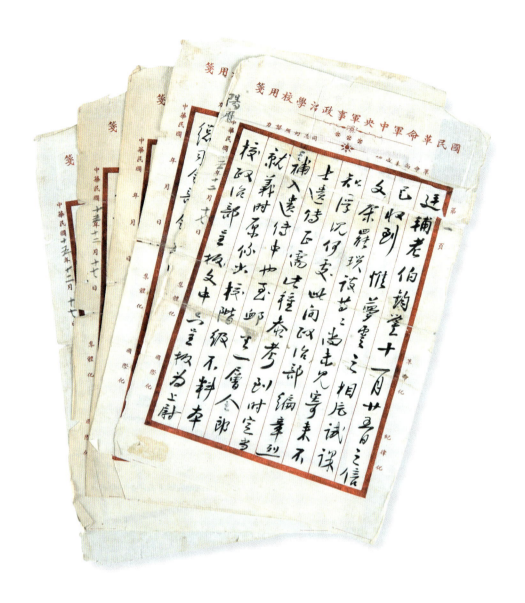

黄埔军校办公厅第四科科长赵煜给章琰家属的信（三）

1926 年

长 30.8 厘米，宽 20.3 厘米

三级文物

2004 年姜俊武捐赠

第三封信写于 1926 年 12 月 17 日，共 5 页，信件用纸为国民革命军中央军事政治学校用笺，毛笔书写。主要内容为赵煜向章琰父亲姜廷辅说明抚恤金办理相关事宜。

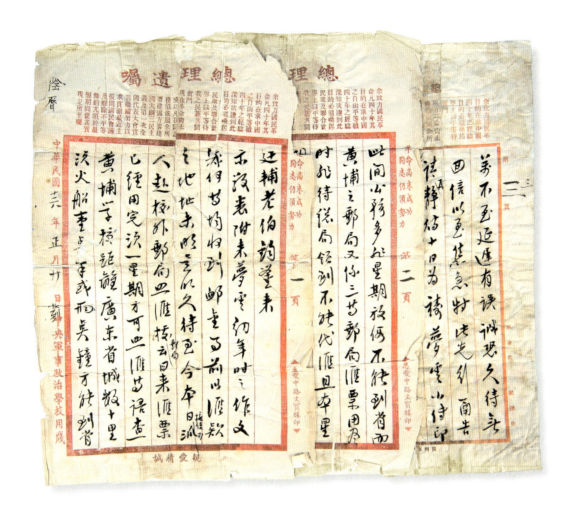

黄埔军校办公厅第四科科长赵煜给章琰家属的信（四）

1927 年

长 27.3 厘米，宽 20.4 厘米

三级文物

2004 年姜俊武捐赠

第四封信写于 1927 年 1 月 20 日，共 3 页，信件用纸为中央军事政治学校用笺，毛笔书写。信中提到，赵煜为邮寄章琰的抚恤金，费尽周折，得知准确的地址后，却遇到黄埔军校附近的邮局没有汇票，只能专程前往广州城内邮寄。

黄埔军校办公厅第四科科长赵煜给章琰家属的信（五）

1927 年

长 30.8 厘米，宽 20.6 厘米

三级文物

2004 年姜俊武捐赠

　　第五封信写于 1927 年 7 月 2 日，共 3 页。主要内容为赵煜向章琰父亲姜廷辅说明抚恤金办理相关事宜。

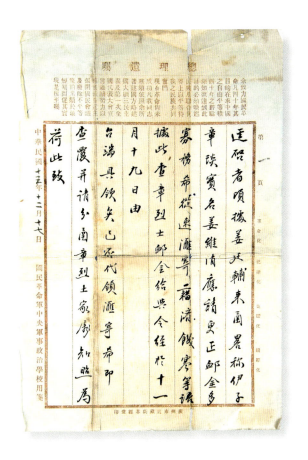

黄埔军校政治部给赵煜的函

1926 年

长 30.3 厘米，宽 20.6 厘米

三级文物

2004 年姜俊武捐赠

1926 年 12 月 17 日，黄埔军校政治部党务科要求赵煜答复姜廷辅的函，共 2 页，函件用纸为国民革命军中央军事政治学校用笺，毛笔书写。

黄锦辉（左）与弟弟的合照

1925 年

长 10.5 厘米，宽 7.7 厘米

三级文物

1979 年黄冬福捐赠

　　黄锦辉（1903—1928），广西桂林人。黄埔军校第一期学生。1925 年任中共广东区委军事部秘书。1926 年 7 月后，主持中共广东区委军委工作。1927 年 10 月任中共广东省委委员、中共中央南方军委委员、广州市军委书记。同年参加领导广州起义，失败后撤至香港。1928 年初奉命到广东北江一带工作时，在清远附近被国民党反动派杀害。

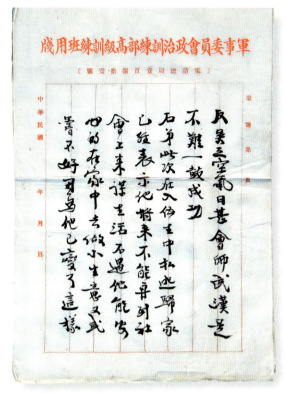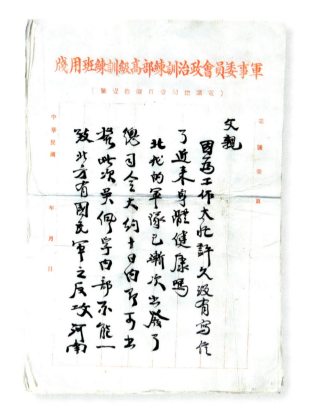

黄锦辉给父亲的信

1926 年

长 31 厘米，宽 20.5 厘米

二级文物

1979 年黄冬福捐赠

　　1926 年 7 月 11 日黄锦辉给父亲的信，共 9 页。信件用纸为军事委员会政治训练部高级训练班用笺，毛笔书写。信中批评弟弟私自脱离黄埔军校的行为，以及表达对父亲包办婚姻的不满。

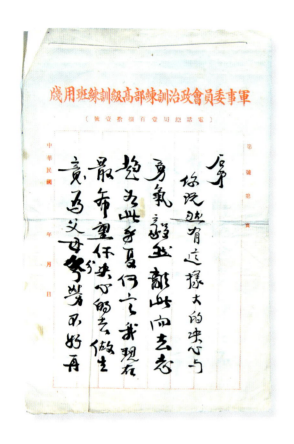

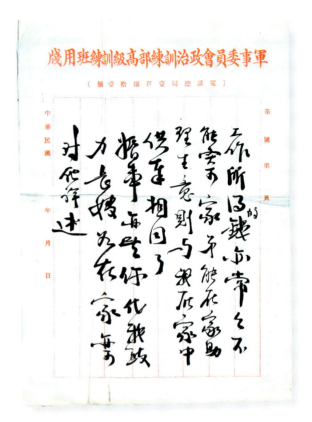

黄锦辉给弟弟的信

1926 年

长 31 厘米，宽 20.5 厘米

二级文物

1979 年黄冬福捐赠

1926 年 7 月 11 日黄锦辉给弟弟的信，共 3 页。信件用纸为军事委员会政治训练部高级训练班用笺，毛笔书写。信中批评弟弟私自离开黄埔军校的行为，并希望他能安心在家经营生意。

《应用战术》笔记簿

1937 年

长 24.3 厘米，宽 14.2 厘米

三级文物

2004 年陈建平捐赠

　　笔记簿封面左侧铅印"中央陆军军官学校成都分校笔记簿"字样，中间用毛笔黑墨书写"应用战术""第十七教授班"。内容亦用毛笔黑墨书写，主要内容为行军战术之要点。

林光迈的学习笔记本

1937 年

长 16 厘米，宽 10 厘米

一般文物

2012 年购买

　　笔记本由军校颁发，详细记录了包括典范令、战术学、筑城学、德式筑城学、地形学、兵器学等军事科目的要点。

　　林光迈，生卒年不详，中央陆军军官学校第一分校步兵炮学员队学生。

毕业证书

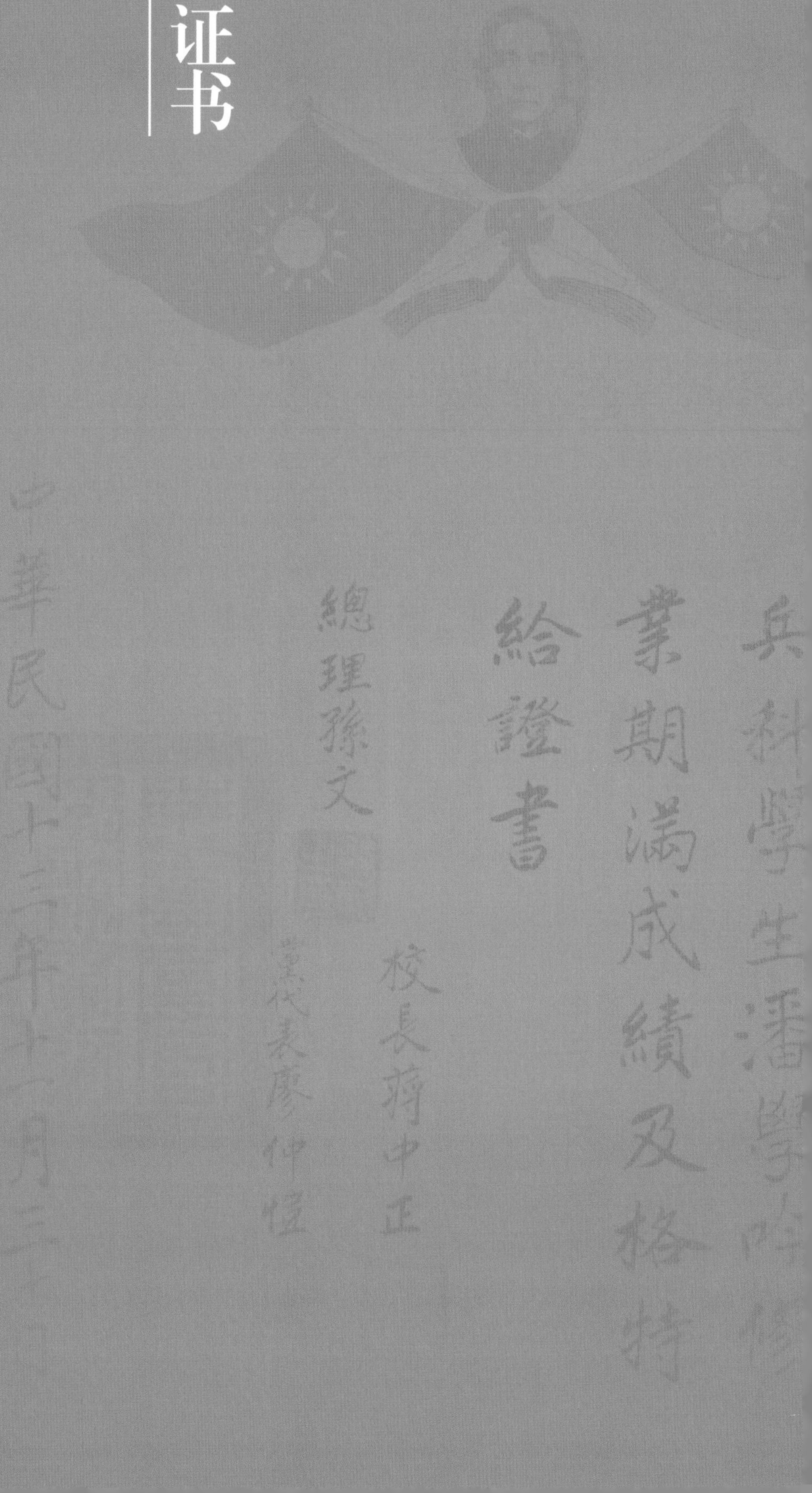
兵科學生潘學吟修
業期滿成績及格特
給證書
總理孫文
校長蔣中正
黨代表廖仲愷
中華民國十三年十一月三

潘学吟的毕业证书

1924 年

长 40 厘米，宽 42 厘米

一级文物

1984 年潘秉怡捐赠

　　中国国民党陆军军官学校毕业证书，埔字第玖拾伍号，边框四角有"亲爱精诚"的校训，中间暗印白字"革命尚未成功，同志仍须努力"字样。落款处有总理孙文、校长蒋中正、党代表廖仲恺签名章，钤"陆军军官学校关防""驻陆军军官学校中国国民党代表之印"等。

　　潘学吟（1902—1930），广东新丰人。黄埔军校第一期学生。曾任第三期入伍生队第六队队长、入伍生第三团中校副团长。1926 年参加北伐战争，任第十四师政治部代理主任等职。1928 年赴日本陆军士官学校留学。1930 年 3 月在上海被暗杀。

梁桂华的修业证书

1924 年

长 25.4 厘米，宽 33.8 厘米

二级文物

1965 年梁云捐赠

陆军军官学校颁发的修业证书，署校长蒋中正、党代表廖仲恺、总教官何应钦、教授部主任王柏龄、队长严凤仪等名，钤"陆军军官学校关防""驻陆军军官学校中国国民党代表之印"和蒋中正、廖仲恺、何应钦、严凤仪签名章。

梁桂华（1893—1927），广东云浮人。广州农民运动讲习所第一期学生。1924 年 8 月被选派到黄埔军校参加了为期 10 天的军事训练，获颁修业证书。1927 年，参加广州起义，任工人赤卫队副总指挥。战斗中负重伤，后入广州韬美医院医治时被捕就义。

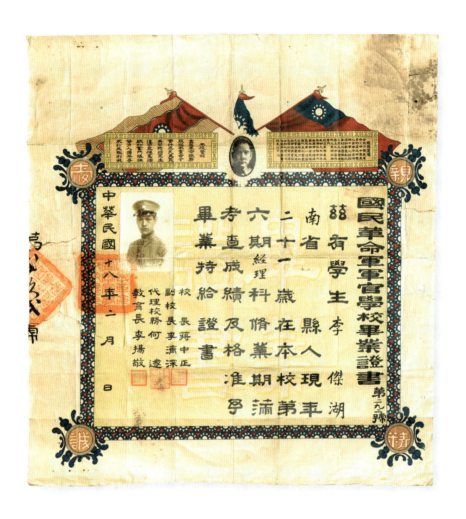

李杰的毕业证书

1929 年

长 51 厘米，宽 48.5 厘米

三级文物

2012 年购买

　　国民革命军军官学校毕业证书，第二九二号，署校长蒋中正、副校长李济深、代理校务何遂、教育长李扬敬等名，钤"国民革命军军官学校校委会"和"国民革命军军官学校校长印""国民革命军军官学校代理校务何遂之印""国民革命军军官学校教育长之印"，边框四角有"亲爱精诚"的校训，左上角贴有李杰的照片。

　　李杰（1908—?），湖南耒阳人。黄埔军校第六期学生。

李小荃的毕业证书

1935 年

长 31.9 厘米，宽 29.1 厘米

一般文物

2012 年购买

中央陆军军官学校毕业证书，署训练总监唐生智、校长蒋中正和一众校务委员会委员等名，钤"训练总监部印""中央陆军军官学校校长""训练总监""中央陆军军官学校校务委员会"等印，左下角贴有李小荃免冠照。

李小荃，生卒年不详，黄埔军校高等教育班第三期学员。曾任国民革命军第五十三师本部少校参谋，陆军第五十三师参谋等职。

曾会奇的毕业证书

1937 年

长 28 厘米，宽 28 厘米

三级文物

2000 年曾会奇捐赠

中央陆军军官学校毕业证书，炮字第肆号，署训练总监唐生智、校长蒋中正、一众校务委员会委员和教育长陈继承等名，钤"训练总监部印""训练总监""中央陆军军官学校校长""中央陆军军官学校校务委员会""中央陆军军官学校教育长"等印，左下角贴有曾会奇免冠照。

曾会奇（1914—?），湖南益阳人。黄埔军校第十一期学生。曾任国民革命军第六十二军炮兵营排、连、营长。

王煦（1918—?），安徽郎溪人，黄埔军校第十四期学生。

王煦的毕业证书

1939 年

长 35.3 厘米，宽 35.2 厘米

三级文物

2012 年购买

　　中央陆军军官学校毕业证书，署校长蒋中正、一众校务委员会委员和教育长陈继承等名，钤"中央陆军军官学校关防""中央陆军军官学校校长""中央陆军军官学校校务委员会""中央陆军军官学校教育长"等印。

　　王煦（1918—?），安徽郎溪人，黄埔军校第十四期学生。

邓咸欢的毕业证书

1940 年

长 31 厘米，宽 31 厘米

一般文物

2015 年邓咸欢捐赠

　　中央陆军军官学校毕业证书，十六步六字第捌号，署校长蒋中正、一众校务委员会委员和教育长陈继承等名，钤"中央陆军军官学校关防""中央陆军军官学校校长""中央陆军军官学校校务委员会""中央陆军军官学校教育长"等印，左下角贴有邓咸欢的照片。

　　邓咸欢（1920—?），江西高安人。黄埔军校第十六期学生。抗战期间曾参与天津机场空防战、成都太平机场空防战等战役。

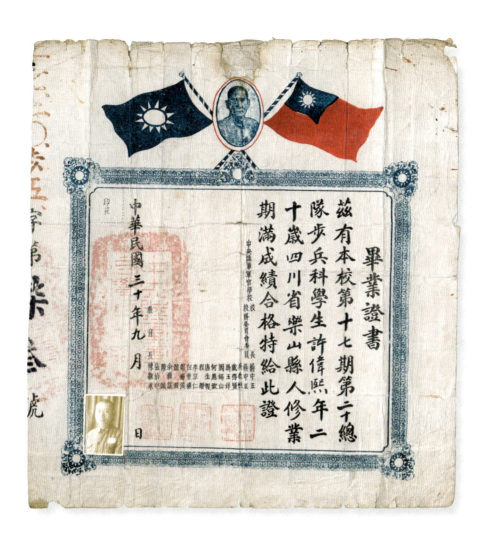

许伟熙的毕业证书

1941 年

长 32 厘米，横 30.2 厘米

一般文物

2023 年购买

　　中央陆军军官学校毕业证书，署校长蒋中正、一众校务委员会委员和教育长陈继承等名，钤"中央陆军军官学校关防""中央陆军军官学校校长""中央陆军军官学校校务委员会""中央陆军军官学校教育长"等印，左下角贴有许伟熙免冠照。

　　许伟熙（1921—?），四川乐山人。黄埔军校第十七期学生。

陈安贤的毕业证书

1943 年

长 30 厘米，宽 27.6 厘米

一般文物

2004 年陈安贤捐赠

　　中央陆军军官学校毕业证书，署校长蒋中正、一众校务委员会委员和教育长万耀煌等名，钤"中央陆军军官学校关防""中央陆军军官学校校长""中央陆军军官学校校务委员会""中央陆军军官学校教育长"印。左下角贴有陈安贤免冠照。

　　陈安贤（1919—2020），湖南石门人。黄埔军校第十八期学生。

陈扬钊的毕业证书

1945 年

长 32 厘米，宽 29 厘米

一般文物

2000 年陈扬钊捐赠

    中央陆军军官学校毕业证书，十九一步四字第 47 号，署校长蒋中正、一众校务委员会委员和教育长万耀煌等名，钤"中央陆军军官学校关防""中央陆军军官学校校长""中央陆军军官学校校务委员会""中央陆军军官学校教育长"等印，左下角贴有陈扬钊免冠照。

    陈扬钊（1921—2022），湖南醴陵人。黄埔军校第一期学生陈明仁之子，黄埔军校第十九期学生。曾任国民革命军步军团中尉副官、上尉参谋。1949 年 8 月参加陈明仁等发起的湖南和平起义。

陆如峰的毕业证书

1946 年

长 29.5 厘米，宽 33.4 厘米

一般文物

2016 年陆如峰捐赠

　　陆军军官学校毕业证书，中间暗印白底"亲爱精诚"校训，钤"陆军军官学校印"，左下角贴有陆如峰免冠照。

　　陆如峰（1923—?），广西桂平人。黄埔军校第十九期学生。

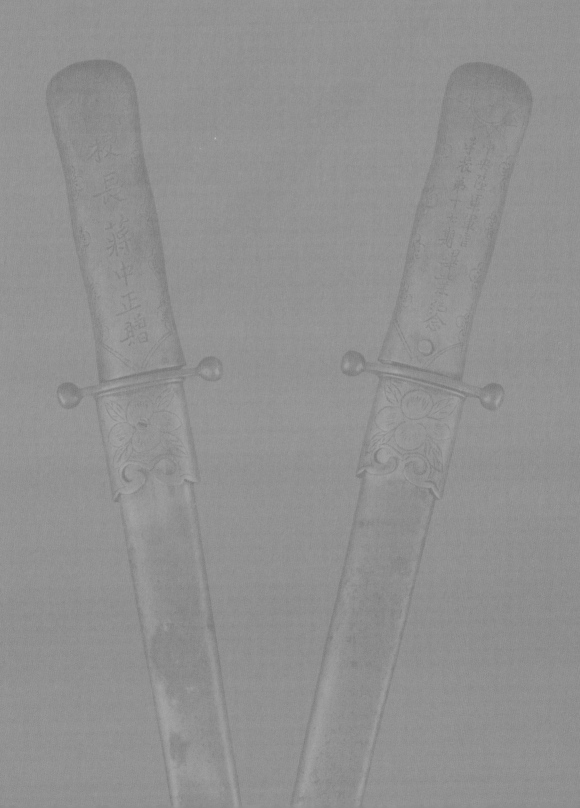

纪念佩剑

王碧若的短剑

大革命时期

长 38.5 厘米，宽 4 厘米

三级文物

1997 年王劳灯捐赠

　　王碧若的短剑，铜质，有剑鞘。剑首印梅花，柄为木头包铜皮，双面刃，中间有凹槽。剑鞘上部印梅花两朵，下部印梅花三朵。

　　王碧若（1909—1937），广东番禺人。黄埔军校第五期学生。曾任中央军校教导总队中校营长、第三团中校团附等职。1937 年在南京保卫战中阵亡。

叶春叙的毕业纪念佩剑

1941 年

长 34 厘米，宽 3 厘米

三级文物

2003 年叶春叙捐赠

　　铜质，由剑、鞘组成。剑鞘的顶端和尾梢印有精美的花纹。剑柄正反两面都刻有字，一面刻"中央陆军军官学校第十七期毕业纪念"，另一面刻"校长蒋中正赠"。剑身刻有"叶春叙"和"成功成仁"等字样，编号"NO.673"。

　　叶春叙，生卒年不详，浙江龙游人。黄埔军校第十七期学生。

黄埔军校第十七期毕业纪念佩剑

1942 年

长 36.7 厘米，宽 5.8 厘米

一般文物

2012 年购买

    中央陆军军官学校第十七期毕业纪念佩剑，由剑、鞘组成。剑柄一面印"中央陆军军官学校第十七期毕业纪念"，另一面印"校长蒋中正赠"。剑柄、剑鞘均印有花纹。

黄埔军校第十九期毕业纪念佩剑

1945 年

长 37.5 厘米，宽 5.2 厘米

一般文物

2016 年陈灿培捐赠

　　中央陆军军官学校第十九期毕业纪念佩剑，由剑、鞘组成。鞘身为铁质，鞘口和下端包铜片，有梅花图案。剑柄一面印"中央陆军军官学校第十九期毕业纪念"，另一面印"校长蒋中正赠"。

陆如峰的毕业纪念佩剑

1946 年

长 38.5 厘米，宽 5.3 厘米

一般文物

2016 年陆如峰捐赠

陆军军官学校第十九期毕业纪念佩剑，由剑、鞘组成。剑柄一面印"陆军军官学校第十九期毕业纪念"，另一面印"校长蒋中正授"。剑身两面刻字，一面刻"成功成仁"，另一面刻"4189""陆如峰佩"。剑鞘两端印有精美花纹。剑套袋口处有开叉，以麻绳扎口，印有"四一八九"字样。

黄埔军校广州分校成立纪念佩剑

1936 年

长 39.8 厘米，宽 5.8 厘米

一般文物

2017 年魏立我捐赠

中央陆军军官学校广州分校成立纪念佩剑，由剑、鞘组成。剑柄一面印"中央陆军军官学校广州分校成立纪念"，另一面印"校长蒋中正赠"。剑身刻"成功成仁"字样。剑鞘两端印有精美花纹。

黄埔军校第四分校毕业纪念佩剑

1936—1945 年

长 40 厘米，宽 4 厘米

一般文物

2019 年购买

中央陆军军官学校第四分校第十四期第七总队步兵第一大队毕业纪念佩剑，由剑、鞘组成。剑柄有梅花图案，一面印"中央陆军军官学校第四分校第十四期第七总队步兵第一大队毕业纪念"，另一面印"校长蒋中正赠"。剑鞘两端印有精美花纹。

同学录

中央陸軍軍官學校第六一期第一總隊同學錄

林森

黄埔军校农民运动讲习所第一期同学录

1924 年

长 30.5 厘米，宽 47.5 厘米

二级文物

1965 年梁云捐赠

    陆军军官学校农民运动讲习所第一期同学录，散页图画纸，石印。该同学录载有农民运动讲习所第一期学员信息、军事训练计划表和蒋介石、何应钦撰写的序。

    1924 年 8 月 7 日至 16 日，黄埔军校针对农民运动讲习所选送的 25 名学员开展了为期 10 天的军事训练。训练结束后，军校向学员颁发修业证书，并编印刊发同学录。

陸軍軍官學校農民運動講習所第一期同學錄

職別	姓名	別號	年齡	籍貫	通訊處
校長	蔣中正	介石	三十九	浙江寧波	寧波江北岸引仙橋十一號
教授部主任	王柏齡	茂如	三十六	江蘇揚州	揚州玉帶巷
代理教授部主任	何應欽	敬之	三十三	貴州興義	上海靜安寺路一九三號
隊長	嚴鳳儀	鸞海	二十八	廣東樂會	廣州太平沙天然堂
分隊長	唐同德		二十四	湖南宜章	黃埔陸軍軍官學校
	劉雲隨	吾	二十	安徽合肥	安徽合肥南鄉桃溪鎮黃家塘基陳氏宗祠
	蕭乾坤	和	二十三	福建汀州	福建汀州黃埔育英社轉青樓
	李樹森	朝贊	二十五	湖南湘陰	湖南長沙司馬橋育英店
學生	孫常鈞		二十七	安徽合肥	安徽合肥南鄉桃溪鎮黃家塘基陳氏宗祠
	王鏡湖		三十	廣東新會	廣州天源街廣利蛋店
	何植森		二十	廣東順德	順德縣黨部
	李冠南		二十一	廣東順德	大良城順德縣農民協會
	鍾覺		二十	廣東東莞	大良東門國民黨分部
	葉介之		二十四	廣東順德	廣州永漢中路葉家祠
	陳振銘		二十一	廣東東莞	廣州農林南大街利昌隆對聯店
	梁桂華		三十二	廣東雲浮	佛山塘新街八號
	王振榘		十七	廣東花縣	花縣長山遮元德布店轉交
	胡任興		二十三	廣東番禺	廣州番禺麒麟里六十八號工會聯合會
	李可群		十九	廣東番禺	廣州越秀路葉賢北街七號二樓
	陳雄志		二十七	廣東新會	新會城葵尾東陳家祠廣綸店
	莫革華		二十五	廣東番禺	東莞縣洪屋渦綸店
	郭新		二十七	廣東順德	順德縣黨部
	曾昭鏡		二十三	廣東始興	廣州黃沙同安客棧交曹如轉交
	周鎮源		二十七	廣東新會	佛山麒麟里六十八號工會聯合會
	李元		二十一	廣東順德	大良城順德縣農民協會
	蘇南		二十	廣東新興	中央執行委員會農民部
	鄭千里		三十	廣東番禺	廣州南閣三馬路海味街永生公司西號
	黃超凡		二十二	廣東龍川	廣州南閣三馬路海味街永生公司西號
	洪春榮		二十五	廣東五華	五華縣同福萬房
	侯鳳池		二十四	廣東花縣	花縣三角市民樂興酒米舖
	侯靜山		十九	廣東花縣	廣州越華路四十七號廣東油業工會
	韋政瑞		二十三	廣東靈山	廣州觀蓮街天祐藥房轉

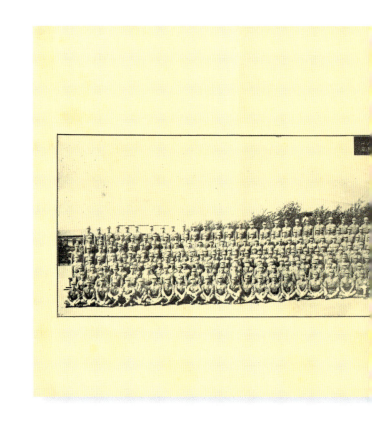

黄埔军校第十一期第一总队同学录

1937 年

长 24 厘米, 宽 19 厘米

三级文物

2000 年邓新柳捐赠

　　中央陆军军官学校第十一期第一总队同学录, 封皮面包蓝布, 铁条压边装订。封面字烫金, 书名由林森题写, 右下部有学生名字 "伊肇毅"。同学录载有校务委员的照片及训词、校歌、校旗等, 收录了第一至第十一期同学名单, 内页部分插图为彩印。

　　伊肇毅, 生卒年不详, 辽宁辽阳人, 黄埔军校第十一期学生。

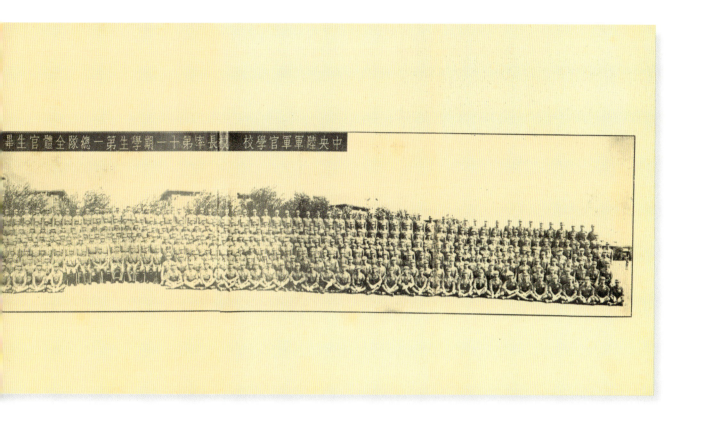

中央陸軍軍官學校校長率第十一期學生生全體官生畢

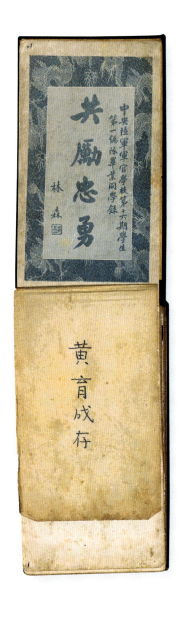

黄埔军校第十六期第一总队同学录

1940 年

长 18.5 厘米，宽 10.4 厘米

三级文物

2004 年黄埔军校十六期第一总队旅台联谊会捐赠

中央陆军军官学校第十六期学生第一总队同学录，书名由林森题写，内页手写"黄育成存"。

黄育成，生卒年不详，江西崇仁人，黄埔军校第十六期学生。

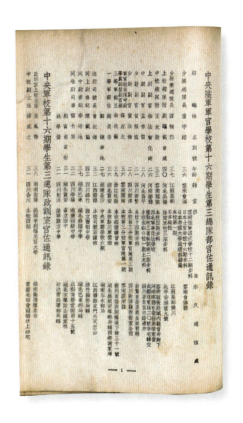

黄埔军校第十六期第三总队同学录

1940 年

长 25.7 厘米，宽 19 厘米

三级文物

2004 年郑晓存捐赠

中央陆军军官学校第十六期第三总队同学录，缺封皮，内页载有"本校誓词""总理遗像""学校校歌"及林森题"为国干城"等内容。

黄埔军校第十七期第二总队同学录

1942 年

长 20.2 厘米，宽 13.3 厘米

一般文物

李福让捐赠

    中央陆军军官学校第十七期第二总队学生李福让的同学录，封皮面包蓝布，上面以金色字体写有"中央陆军军官学校第十七期学生第二总队同学录""林森"等字样。内页手写"李福让""第十队第一区队第一班第一名学生"等信息。

    李福让（1916—?），原籍广东梅县，马来西亚华侨。黄埔军校第十七期学生。

兹委任梁挂華

為本部農民運

動特派員

中國國民黨中央執行委員會

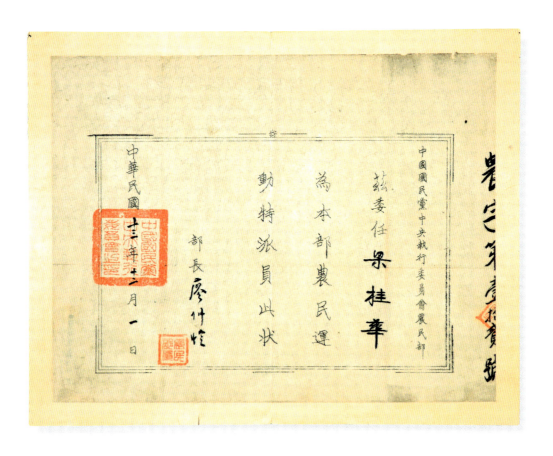

梁桂华的委任状

1924 年

长 29.5 厘米，宽 38.7 厘米

一级文物

1964 年梁桂华家属捐赠

中国国民党中央执行委员会农民部颁发的委任状，农字第壹拾贰号，落款处为部长廖仲恺签名，钤"中国国民党中央执行委员会之印""农民部章"。

1924 年底，梁桂华以国民党中央农民部农民运动特派员的身份，前往南海、番禺、中山以及他的家乡云浮县开展农民运动。

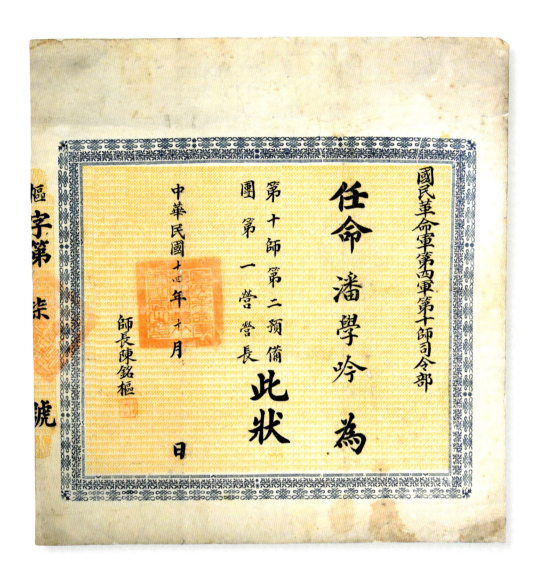

潘学吟的任命状

1925 年

长 39 厘米，宽 38 厘米

三级文物

1984 年潘秉怡捐赠

　　国民革命军第四军第十师司令部任命状，枢字第柒号，任命潘学吟为第十师第二预备团第一营营长，钤"国民革命军第四军第十师师长之印"和师长陈铭枢签名章。

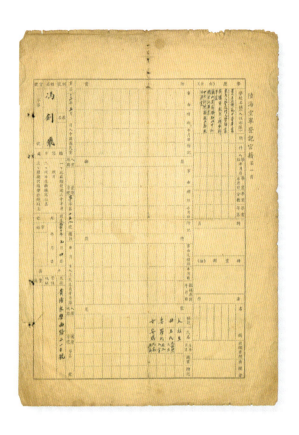

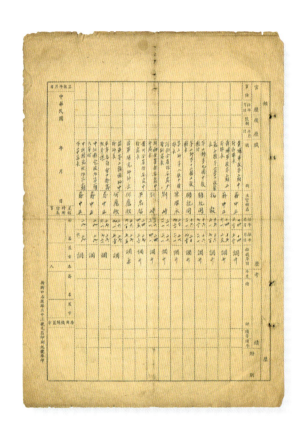

冯剑飞的登记官籍表

民国时期

长 30.5 厘米，宽 21.8 厘米

一般文物

2013 年购买

    陆海空军登记官籍，共 2 页。第一页记载冯剑飞的籍贯、学历、家属等个人基本信息；第二页记载冯剑飞从 1925 年 3 月至 1939 年 6 月的任职履历。

    冯剑飞（1901—1951），贵州盘县人。黄埔军校第一期学生。曾参加东征北伐和抗日战争，历任国民革命军步兵第二团第一营教练官、宪兵团第二营营长、第三战区政治部副主任、第三战区司令部高级参谋等职。

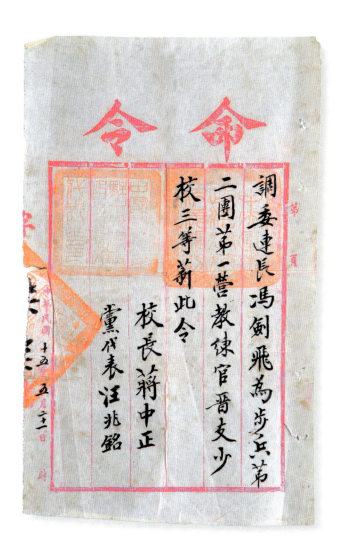

冯剑飞调任步兵第二团第一营教练官的命令

1926 年

长 26.5 厘米，宽 16.5 厘米

一般文物

2013 年购买

　　中央军事政治学校的调令，钤"中央军事政治学校校长关防""中国国民党驻中央军事政治学校代表之印"。

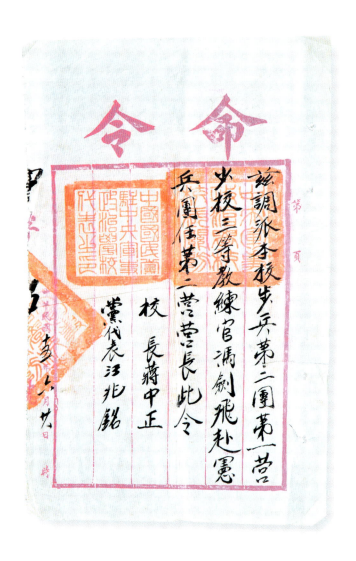

冯剑飞调任宪兵团第二营营长的命令

1926 年

长 26.5 厘米，宽 16.5 厘米

一般文物

2013 年购买

    中央军事政治学校的调令，钤"中央军事政治学校校长关防""中国国民党驻中央军事政治学校代表之印"。

冯剑飞的宪兵团第二营少校营长任命状

1926 年

长 43 厘米，宽 50 厘米

一般文物

2013 年购买

国民革命军总司令部任命状，荐字第二七四号，钤"国民革命军总司令印"。

冯剑飞的高级班军用化学研究科中校区队长委任状

1927 年

长 38.5 厘米，宽 39 厘米

一般文物

2013 年购买

　　国民革命军中央军事政治学校委任状，第六二四六号，钤"中央军事政治学校校长关防"印。

冯剑飞的陆军第二师步兵第九团中校团附任命状

1928 年

长 40 厘米，宽 54.5 厘米

三级文物

2013 年购买

国民革命军总司令部任命状，荐字第二一一号，钤"国民革命军总司令""国民革命军总司令行营之印"。

冯剑飞的陆军第二师步兵第十二团团长任命状

1928 年

长 39.2 厘米，宽 54 厘米

三级文物

2013 年购买

国民革命军总司令部任命状，荐字第七二四号，钤"国民革命军总司令""国民革命军总司令大营之印"。

冯剑飞的第三战区政治部副主任任命状

1938 年

长 37.5 厘米，宽 53 厘米

三级文物

2013 年购买

国民政府军事委员会任命状，铨（二）字第 1679 号，钤"国民政府军事委员会委员长""国民政府军事委员会印"。

冯剑飞的少将高级参谋任状

1940 年

长 32.5 厘米，宽 37.5 厘米

三级文物

2013 年购买

　　第三战区司令长官司令部任状，任字第 4241 号，钤"第三战区司令长官关防"等印。

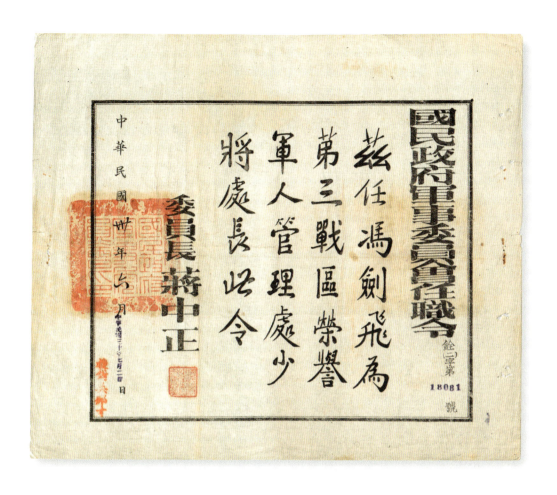

冯剑飞的第三战区荣誉军人管理处少将处长任职令

1941 年

长 28.3 厘米，宽 33.6 厘米

三级文物

2013 年购买

　　国民政府军事委员会任职令，铨（二）字第 18081 号，钤"国民政府军事委员会委员长""国民政府军事委员会印"。

冯剑飞的第三战区特别党部执行委员任用书

1941 年

长 37.5 厘米，宽 35.5 厘米

三级文物

2013 年购买

中国国民党中央执行委员会任用书，第四四三三号，钤"中国国民党中央执行委员会印"。

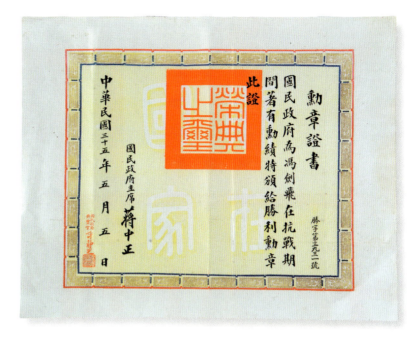

冯剑飞的胜利勋章和勋章证书

1946 年

勋章：通长 16.9 厘米，通宽 7 厘米

证书：长 40.3 厘米，宽 51.6 厘米

勋章盒：长 10 厘米，宽 8.2 厘米，高 1.8 厘米

三级文物

2013 年购买

国民政府颁发的胜利勋章，一套三件，含胜利勋章、勋章证书、勋章盒。

勋章证书，胜字第三九三一号，钤"荣典之玺""国民政府典玺官许静芝""国民政府典玺官"

等印。

钟伟振的委任令

1937 年

长 28.8 厘米，宽 78 厘米

一般文物

2003 年钟裕生捐赠

国民革命军第四路军总司令部委任令，参（四）字第1170号，钤"第四路军总司令关防"印。

钟伟振，生卒年不详，黄埔军校高级班第二期无线电科学生。1929—1942年期间，分别在国民革命军第一集团军、第四路军、第十二集团军任职。

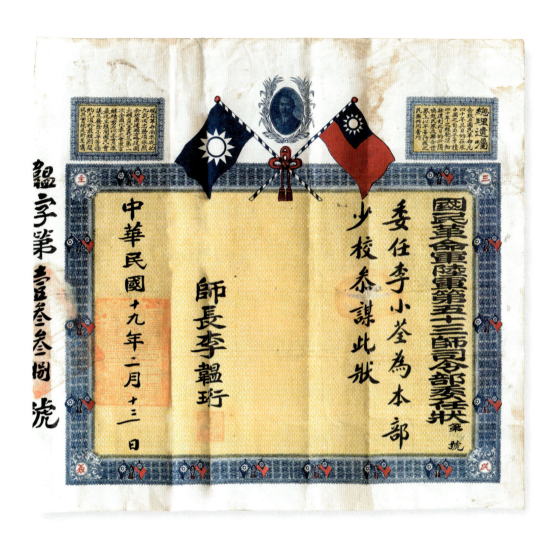

李小荃的少校参谋委任状

1930 年

长 39.2 厘米，宽 42.5 厘米

一般文物

2012 年购买

国民革命军陆军第五十三师司令部委任状，第 1338 号，钤"陆军第五十三师师长关防"印。

李小荃的陆军第五十三师参谋荐任状

1932 年

长 39 厘米，宽 47.2 厘米

一般文物

2012 年购买

国民政府荐任状，荐字第捌陆陆号，钤"中华民国国民政府印"。

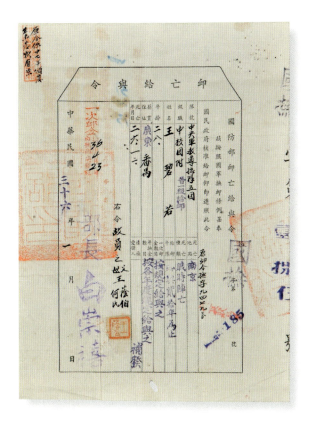

王碧若的恤亡给与令

1947 年

恤亡给与令：长 25 厘米，宽 19.5 厘米

封套：长 26.1 厘米，宽 13.8 厘米

三级文物

1997 年王劳灯捐赠

这是一份补发的"恤亡给与令"，国抚字第185号。封套写有"内：恤亡给与令国抚字第185号，荣哀状荣字第110号，恤亡给与令国抚补字第1003号。此恤令被抚恤处主任吴仲行取销"字样。恤亡给与令钤"国防部印""王荫伯"（王碧若父亲）等印。

王碧若的恤金收据

1947 年

长 22.6 厘米，宽 14.4 厘米

三级文物

1997 年王劳灯捐赠

国民政府联合勤务总司令部抚恤处提供的王碧若父亲王荫伯的恤金收据。收据中，有手写王碧若的部队番号、阶级、住址等信息。

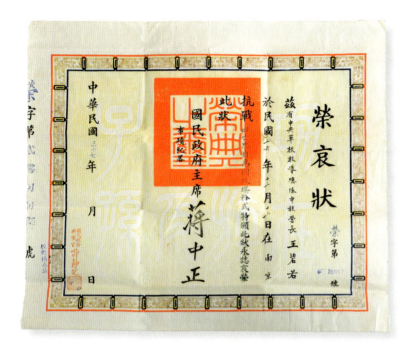

王碧若的荣哀状

1948 年

荣哀状：长 38 厘米，宽 45 厘米

封套：长 29 厘米，宽 18 厘米

三级文物

1997 年王劳灯捐赠

　　国民政府荣哀状，荣字第 20887 号，钤"荣典之玺""国民政府典玺官许静芝"等印。封套正面写"荣哀状"；背面盖"联合勤务总司令部抚恤处""航空单挂号"印，手写"广州番禺沙湾三槐里百岁巷一号交故员王碧若遗族王荫伯先生收"，落款"陈"等。

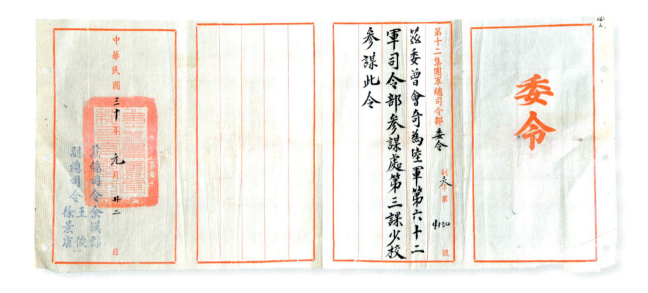

曾会奇的陆军第六十二军司令部参谋处第三课少校参谋委令

1941年

长24厘米，宽59厘米

一般文物

2012年购买

　　第十二集团军总司令部委令，副三人字第4130号，落款处有兼总司令余汉谋和副总司令王俊、徐景唐的蓝色签名章，钤"第六十二集团军总司令关防"印。

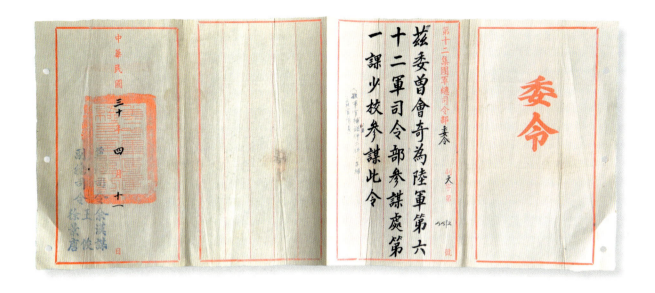

曾会奇的陆军第六十二军司令部参谋处第一课少校参谋委令

1941 年

长 24 厘米，宽 57 厘米

一般文物

2012 年购买

    第十二集团军总司令部委令，副三人字第 5512 号，落款处有兼总司令余汉谋和副总司令王俊、徐景唐的蓝色签名章，钤"第六十二集团军总司令关防"印。

曾会奇的代理陆军第六十二军山炮兵营少校营长派令

1941 年

长 25.5 厘米，宽 55 厘米

一般文物

2012 年购买

　　第十二集团军总司令部派令，副三人字第 1253 号，落款处有兼总司令余汉谋签名，钤"第十二集团军总司令关防"印。

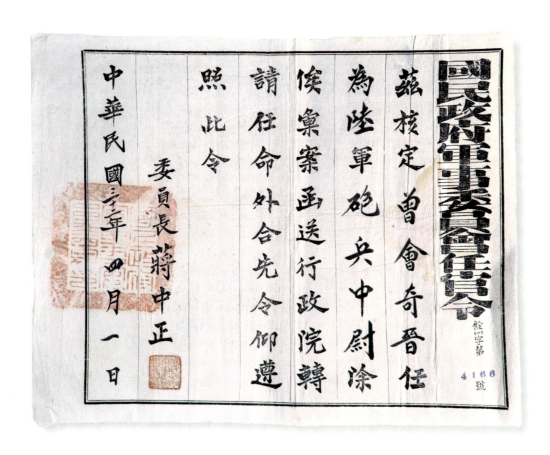

曾会奇的陆军炮兵中尉任官令

1943 年

长 22.5 厘米，宽 29 厘米

一般文物

2012 年购买

　　国民政府军事委员会任官令，铨（一）字第 4166 号，钤"国民政府军事委员会委员长""国民政府军事委员会印"。

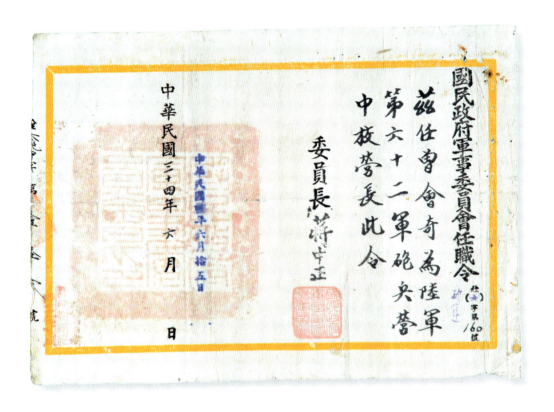

曾会奇的陆军第六十二军炮兵营中校营长任职令

1945 年

长 10 厘米，宽 13.2 厘米

一般文物

2012 年购买

国民政府军事委员会任职令，铨炮（中）字第 160 号，钤"国民政府军事委员会委员长""国民政府军事委员会印"。

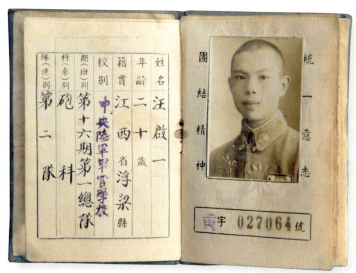

汪启一的学籍登记证

1941 年

长 10 厘米，宽 7 厘米

一般文物

2004 年台湾黄埔军校十六期第一总队同学会捐赠

　　中央各军事学校毕业生学籍登记证，黄字 027064 号，封面印有"中央各军事学校毕业生学籍登记证"。内有汪启一个人信息登记及"中国国民党党员守则""陆海空军军人读训""誓词"等。

　　汪启一（1921—？），江西浮梁人。黄埔军校第十六期学生。

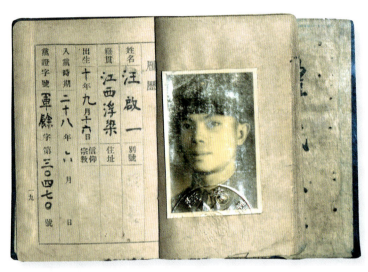

汪启一的军人手牒

20 世纪 40 年代

长 10.8 厘米，宽 7.8 厘米

一般文物

2004 年台湾黄埔军校十六期第一总队同学会捐赠

　　中华民国军人手牒，封面和封二分别印有蒋中正手题的"中华民国军人手牒""礼义廉耻"字样，内页前内容有总理遗像和"总理遗嘱""中国国民党党员守则""中华民国陆海空军军人读训"等内容。内页后内容贴有汪启一的黑白照片，并记录了其履历、家属、学历等信息。

李志忠的军人手牒

1949 年

长 10.5 厘米，宽 7.8 厘米

一般文物

2016 年李志忠捐赠

中华民国军人手牒，封面和封二分别印有蒋中正手题的"中华民国军人手牒""礼义廉耻"字样，内页前内容有国父遗像和"国父遗嘱""中国国民党党员守则""就职宣誓词"等内容。内页后内容贴有李志忠的黑白照片，并记录了其履历、家属、学历等信息。

李志忠（1929—？），广东东莞人。先后就读于陆军军官第一预备学校、陆军军官学校预备班、陆军军官学校二十二期步科。

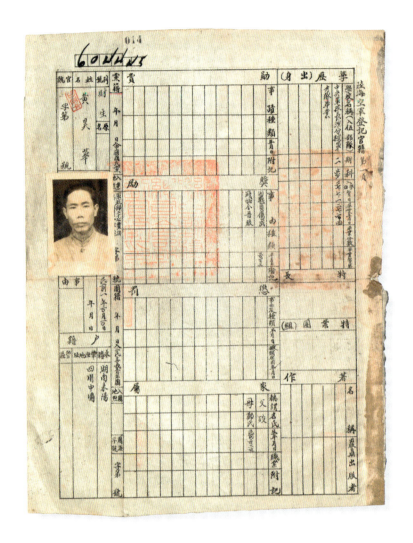

黄昊华的登记官籍表

1947 年

长 27.3 厘米，宽 21.2 厘米

一般文物

2012 年购买

　　陆海空军登记官籍，共 2 页，第一页记载黄昊华的籍贯、学历、家属等个人基本信息；第二页为 1930 年和 1945 年的任职履历。

　　黄昊华（1911—?），别号财生，湖南耒阳人。黄埔军校长沙分校第二步科学生。

军事及生活用品

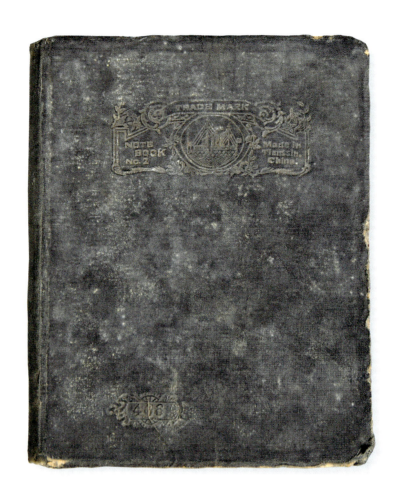

周士第的《阵中日记》（一）

1937 1940 年

长 19 厘米，宽 15.5 厘米

二级文物

2005 年周强捐赠

日记共两本，第一本写于 1937 年 8 月至 1940 年 3 月，第二本写于 1938 年 12 月至 1940 年 6 月，为周士第在抗日前线时撰写。封皮为深灰色硬质材料，边缘磨损。周士第在日记中详细记录了八路军第一二九师的战略部署、作战策略和作战经验教训总结等。

周士第（1900—1979），广东乐会（今海南琼山）人。黄埔军校第一期学生。抗战期间，率部活跃在晋西北地区，为晋西北抗日革命根据地的建设、发展和巩固作出了重大贡献。1955 年被授予上将军衔。

1937. 八月份 改编　　　　　过目归荷　　　　　1636　　器

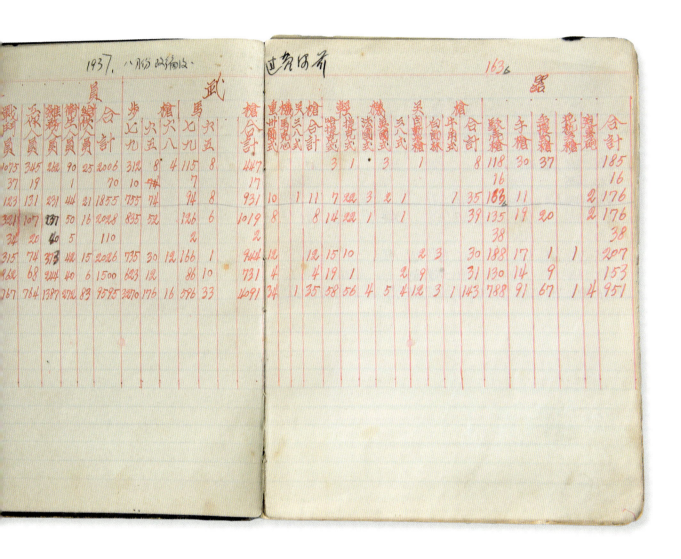

战斗员	炊保人员	杂务人员	卫生人员	员总	合计	步近九	枪火五	火八	火九	六五	马	枪合计	重州节式	关枪三八式	枪合计	轻机捷克式	机美国式	法国式	三八式	关岛机枪	白动林	牛甬式	合计	驳壳枪	手枪	拿提枪	党抗空枪	信号枪	合计
1075	345	262	90	25	2006	312	8	4	115	8		447		3	1		3			1				8	118	30	37			185
37	19		1		70	10	7		7			17													16					16
123	131	231	44	21	1855	755	74		94	8		931	10	1	11	7	22	3	2	1			1	35	166	11			2	176
321	107	137	50	16	2028	835	52		126	6		1019	8		8	14	22	1		1				39	135	19	20		2	176
32	20	40	5		110				2			2												38						38
315	74	373	42	15	2026	735	30	12	166	1		944	12		12	15	10				2	3		30	188	17	1	1		207
62	68	244	40	6	1500	623	12		86	10		731	4		4	19	1			2	9			31	130	14	9			153
767	764	1387	270	83	9595	3270	176	16	596	33		4091	34	1	35	58	56	4	5	4	12	3	1	143	788	91	67	1	4	951

周士第的《阵中日记》（二）

1938—1940 年

长 19 厘米，宽 15.5 厘米

二级文物

2005 年周强捐赠

　　这是周士第写于 1938 年 12 月至 1940 年 6 月的阵中日记。日记首页写有"日记本"三个字，下有日期"1938N12Y21R 起"，以及"周士第"的签名。配有红星等装饰图案。内页纸张泛黄，用蓝色钢笔和铅笔书写作战记录，并绘有详细地图。

周士第的《献给"七大"代表》纪念笔记本

1941 年

长 19.5 厘米，宽 14 厘米

三级文物

2020 年周强捐赠

　　该笔记本是 1941 年中国共产党第七次全国代表大会筹备组发给与会代表的纪念品。笔记本由中央出版发行部和新华书店联合制作，封面和封底以红蓝色纹路纸包硬纸板做成，第一页印有"献给'七大'代表"字样、中国共产党党徽和"1941"等。第二页印有毛泽东肖像照和毛泽东"实事求是，力戒空谈"题词。周士第在部分内页用钢笔或铅笔，作了"关于党委制""军事战术"以及"大会总结"等手写笔记。

周士第收藏的贰角纸币样本

1940 年

长 8.5 厘米，宽 15.3 厘米

二级文物

2004 年周强捐赠

    西北农民银行印制的贰角纸币样本，正反两面，共两张。正面印有"西北农民银行""每拾角兑换国币壹元"字样。"贰角"面额，盖有"经理之章""副经理章""样本"印；背面以红色为主，印有面额数字"20"及"样本"等字样。外用白纸封皮，写有"送一二〇师收"字样。

    西北农民银行是抗日战争时期和解放战争时期，中国共产党领导下的在晋绥边区设立的金融机构。发行的货币对支持边区经济、保障物资流通意义重大。

周士第收藏的伍角纸币样本

1940 年

长 8.4 厘米，宽 13.4 厘米

二级文物

2004 年周强捐赠

  西北农民银行印制的伍角纸币样本，正反两面，共两张。正面印有"西北农民银行"字样，"伍角"面额，盖有"经理之章""副经理章""样本"印；背面印有面额数字"50"及"样本"等。外用白纸封皮，写有"一二零师司令部"字样。

周士第夫人张剑退还休养金的收据

抗日战争时期

长 15.8 厘米，宽 15 厘米

三级文物

2003 年周强捐赠

　　八路军一二〇师供给科陈沫给周士第夫人张剑退回休养金的收据，盖有陈沫等人的签章。

　　陈沫（1918—2015），原名颜阳良，马来西亚华侨。1938 年奔赴延安，后任职于八路军一二〇师供给科。

周士第的马褡子

抗日战争时期

马褡子：长 140 厘米，宽 70 厘米

佩带：长 318 厘米，宽 5.2 厘米

一般文物

2019 年周强捐赠

　　这件马褡子是抗日战争时期八路军一二〇师参谋长周士第使用。主体以布制成，设有两个口袋，用于存放物品，并配一根带子。其中，马褡子呈卡其色，带子呈军绿色。

周士第的剪刀

解放战争时期

长 14.5 厘米，横 4.9 厘米

三级文物

2004 年周强捐赠

　　周士第在解放战争时期用的剪刀，不锈钢材质，采用两刃交错设计，造型简约实用，属于战地医疗器械。

周士第的绑腿

解放战争时期

布带：长 265 厘米，宽 7.5 厘米

绳子：较长的长 54.5 厘米，较短的长 25 厘米

三级文物

2004 年周强捐赠

周士第的绑腿材料为棉质，白色，泛黄斑，长条形，其中一端带有两条系绳。

冯达飞的手电筒

1929 年

长 37.9 厘米，头部直径 7.1 厘米，尾部直径 4.5 厘米

三级文物

1965 年拨交

　　冯达飞使用过的手电筒。金属外壳，筒身圆柱形。灯头轮廓为正八边形，灯尾有英文商标。

　　冯达飞（1901—1942），原名冯文孝，又名冯国琛，字洵，广东连县（今连州）人。黄埔军校第一期学生。毕业后入广东航空学校、莫斯科高级航空学校学习飞行。1927 年参加广州起义、百色起义。1941 年在皖南事变中被捕，1942 年 6 月在江西上饶被杀害。

郑洞国的印章

1944 年

长 3 厘米，宽 3 厘米，高 4.6 厘米

二级文物

2003 年郑建邦捐赠

　　郑洞国任中国驻印度远征军副总指挥时使用的石质印章。印章侧面用隶书篆刻"汉印为古人用刀独到处，石刀不易作也，三十三年双十渔人于印度"，底部阳刻"郑洞国印"四字。

　　郑洞国（1903—1991），湖南石门人。黄埔军校第一期学生。1944 年夏任中国驻印度远征军副总指挥。

李治魁的军装

1926 年

上衣：衣长 76.3 厘米，肩宽 39.5 厘米，袖长 52 厘米

裤子：裤长 95.5 厘米，腰围 74 厘米

三级文物

1987 年李治魁家属捐赠

　　李治魁穿过的呢绒军装，由上衣和裤子组成。上衣为翻领设计，下方两侧各有一个贴袋，部分边角磨损，有多处破洞。裤子腰部配有袢带，裤边有不同程度磨损。

　　李治魁（1903—1926），广东琼山（今海南琼山）人。黄埔军校第二期学生。曾参加第一、第二次东征和北伐战争。历任国民革命军东征指挥军总指挥部炮兵营排长、第一军第二师炮兵连长、中校团长。1926 年在武昌战役中阵亡。

李治魁的指挥刀

1926 年

长 67 厘米

三级文物

1987 年李治熙、李平获、李平山捐赠

铁制刀身，铜制手柄，缺刀鞘。这把指挥刀曾伴随李治魁参加广东统一以及北伐战争。

洪水的毛毯

1942—1945 年

长 210 厘米，宽 140 厘米

二级文物

2003 年陈寒枫捐赠

　　洪水在榆林时使用的毛毯。主体呈方格图案，棉麻质地，已褪色，边缘有磨损和毛边。

　　洪水（1908—1956），原名武元博，学名阮山，后改名鸿秀、洪水，越南河内人。黄埔军校第四期学生。曾参加广州起义、长征和抗日战争。1948 年获授越南人民军少将军衔。1955 年获授中国人民解放军少将军衔，为中越两国双料将军。

陈毅安结婚时用的蚊帐

1929 年

长 712 厘米，宽 193 厘米

三级文物

1987 年陈晃明捐赠

　　这顶蚊帐是陈毅安和李志强结婚时所用的物品。蚊帐以白色布料制成，顶部边缘设有金属圆环，用于穿绳悬挂固定。另有一些细绳，方便调节和安置。

　　陈毅安（1905—1930），湖南湘阴人。黄埔军校第四期学生。毕业后投身北伐战争。1927 年参加湘赣边秋收起义，后参与创建井冈山革命根据地，指挥黄洋界保卫战。1929 年，与李志强结为伉俪。1930 年担任红三军团攻打长沙战役的前敌总指挥，8 月在战斗中英勇牺牲。

李运昌的中山装

抗日战争时期

衣长 75 厘米，肩宽 44 厘米，袖长 60 厘米

三级文物

2003 年李运昌捐赠

　　李运昌穿过的中山装，深蓝色，立翻领，前襟五纽扣，上下各有两个带盖的明贴袋，部分区域有补丁。

　　李运昌（1908—2008），河北乐亭人。黄埔军校第四期学生。1926年毕业后，带队到广州农民运动讲习所第六期干训队学习。1927年11月，在河北从事党的地下工作。抗日战争时期，发动冀东抗日游击战争，担任晋察冀军区冀东军分区司令员等职。2003年，任黄埔军校同学会会长。

李运昌的毛袜

抗日战争时期

长 49.4 厘米，宽 10.7 厘米

三级文物

2003 年李运昌捐赠

　　李运昌在抗日战争时期穿过的手织毛袜，袜筒和筒沿有多处破损、断线，袜底缝着不同颜色的布块。

李运昌的文件箱

抗日战争时期

长 71 厘米，宽 41.5 厘米，高 37.4 厘米

三级文物

2003 年李运昌捐赠

抗日战争时期李运昌在冀东使用的铁木文件箱。箱体外部为黑色，表面斑驳，漆皮多处剥落，内部为木质原色。箱身配铁质锁牌和提手，上翻盖。

李运昌的马裤

解放战争时期

裤长 105 厘米，腰围 90 厘米

三级文物

2003 年李运昌捐赠

解放战争时期李运昌在东北穿过的貉毛马裤，里衬破损，裤腿处设有多颗黑色纽扣。

1945 年抗日战争胜利后，李运昌率部挺进东北，历任东北人民自治军第二副总司令、东北民主联军第二副总司令等职。

李运昌的帽子

解放战争时期

内径 22 厘米，顶高 22 厘米，长 42 厘米

三级文物

2003 年李运昌捐赠

  解放战争时期李运昌在东北穿戴的狐狸毛帽子，由军绿色布料制成，帽檐内饰有棕黄、灰白等色的狐狸毛。

陈克非的怀表

1935 年

长 4.8 厘米，宽 4.4 厘米，厚 0.8 厘米

三级文物

2012 年陈庆年捐赠

　　陈克非的 K 金怀表，表壳为金色，饰有精美花纹，表盘带有阿拉伯数字刻度，下方有小表盘。缺表链，金属部分氧化发黑。

　　陈克非（1903—1966），浙江天台人。黄埔军校第五期学生。曾参加北伐战争、淞沪会战、台儿庄战役、武汉会战、昆仑关战役、远征滇缅等。1949 年在四川成都率部起义。

陈克非的服装（一）

1948—1949 年

上衣：衣长 72 厘米，肩宽 45 厘米，袖长 52 厘米

裤子：裤长 100 厘米，腰围 75 厘米

一般文物

2012 年陈庆年捐赠

陈克非的将军服，一套两件。上衣有夹衬，款式为紧扣领，有腰带、肩袢，五颗直扣，上胸及腰下各有两个口袋，口袋有袋盖及铜纽扣，铜扣为国民党徽样。衣领左右各缀一梅花，肩袢上别有陈克非中将阶二颗星。下装是同色长裤，腰部有纽扣和袢带，后侧有两个带纽扣的口袋。

陈克非的服装（二）

20 世纪 40 年代

上衣：衣长 72 厘米，肩宽 45 厘米，袖长 52 厘米

裤子：裤长 100 厘米，腰围 75 厘米

一般文物

2012 年陈庆年捐赠

　　陈克非的黄色毛呢军服，一套两件。上衣为立领设计，肩部配有金色纽扣，胸前和腰部设有多个口袋，袖口饰有红色细条，腰间配有腰带和金属扣，里衬左胸处缝有一块印有"南京太平路大同洋服商店"的紫色标志牌。下装是同色长裤，腰部有纽扣，裤型挺括。

陈克非的军大衣

20 世纪 40 年代

衣长 115 厘米，肩宽 45 厘米，袖长 52 厘米

一般文物

2012 年陈庆年捐赠

　　陈克非的卡其色毛呢长大衣，翻领，采用双排十粒扣设计，纽扣为金色带国民党党徽标志金属扣。里衬为黄色丝绸，左右各有一个隐形口袋。背面束腰带分左右两条，搭配四个金色金属扣固定。

陈克非的军官服

20 世纪 40 年代

衣长 72 厘米，肩宽 45 厘米，袖长 52 厘米

一般文物

2012 年陈庆年捐赠

　　陈克非的军绿色陆军军官上衣，翻领，有肩袢和夹衬。采用单排扣设计，上下设有四个带扣和盖的口袋。内领口有编号"W2090"。

陈克非的马裤

20 世纪 40 年代

裤长 74 厘米，腰围 75 厘米

一般文物

2012 年陈庆年捐赠

　　陈克非的陆军军官马裤，军绿色呢料，大腿部位较为宽松，腰部设有皮带袢，前后均有带组
扣的口袋。

陈克非的签名章

20 世纪 40 年代

长 9 厘米、宽 3 厘米、通高 6.8 厘米

一般文物

2012 年陈庆年捐赠

陈克非的木质签名章，上部是圆润的握柄，下部为印面，呈长方形。

陈克非的"司令官"印章

1949 年

长 4.2 厘米，宽 1.3 厘米，高 5.6 厘米

一般文物

2012 年陈庆年捐赠

　　陈克非的木质印章，带长方体手柄，章面为长方形，上刻"司令官"字样。

陈克非荣升兵团司令官纪念贺牌

1949 年

木座：长 20.3 厘米，宽 15.3 厘米

金牌：长 8.3 厘米，宽 6.1 厘米

三级文物

2012 年陈庆年捐赠

　　贺牌外层木制，右侧刻"钟公荣升第二十兵团司令官纪念"，左侧刻段成涛、尹作干、徐建德等敬赠人姓名。中央嵌金色牌，上面刻鹰耸立于地球图案，旁有两颗五星衬托图案，下方刻有"德泽三军"字样。

张显岐的毛毯

20 世纪 30—40 年代

长 194 厘米，宽 143 厘米

二级文物

2012 年张育成捐赠

　　张显岐使用过的毛毯，毛质，长方形，军绿色，其中一角绣"岐"字。

　　张显岐（1905—1993），广东始兴人。黄埔军校高级班学生。曾任第一师独立团排长、第四师师部上校参谋、第六十四军参谋长、第六十四军军长等职务。1949 年在广东始兴率部起义。

张显岐的披风

20 世纪 30—40 年代

全长 140 厘米，下摆 195 厘米

三级文物

2012 年张育成捐赠

　　黑色棉布披风，翻领对襟。前襟三粒纽扣，领背三粒纽扣，肩部有黑色绸内衬，内衬中上部缝涂蓝色绸布黄色缝制的商标，左右前襟各有一斜开口。

董德馨的毛毯

1934 年

长 192 厘米，宽 150 厘米

三级文物

2004 年董耘捐赠

　　董德馨使用过的毛毯，边缘有明显的磨损和毛边，多处可见缝补的痕迹，补丁颜色各异。毛毯上还带有深色线条装饰。

　　董德馨，生卒年不详，湖北汉阳人。黄埔军校第十一期学生，曾就读于湖北武昌文华中学。

王光亚的毛毯

1942 年

长 210 厘米，宽 177 厘米

一般文物

2016 年王光亚捐赠

王光亚在中国远征军入缅作战时用的毛毯，军绿色毛呢，未包边，表面有多处明显的破损。

王光亚（1914—2016），湖南长沙人。黄埔军校第十四期学生。1939年毕业后，任第五军工兵团少尉排长，参加广西昆仑关会战。1942年参加中国远征军入印缅作战，任中国远征军第五路军工兵团第一营第二连副连长，后辗转前往印度和昆明受训。

耿荫龙在印度训练时用的毛毯

1942—1943 年

长 206 厘米，宽 165 厘米

三级文物

2012 年耿荫龙捐赠

　　1942—1943 年耿荫龙在印度训练时使用的毛毯，印有"US NAVY"字样，表面有轻微的污渍和磨损痕迹。

陈英波的印章

1943 年

长 2 厘米，宽 2 厘米，高 7.5 厘米

一般文物

2013 年陈英波捐赠

陈英波的石质印章，底刻"陈英波"，侧刻"一九四三年远征军官团过川留念"。

陈英波（1917—2013），祖籍广东潮州，泰国归侨。黄埔军校第十七期学生，编入第七分校特种兵科步兵第一队受训。毕业后，分派到中国远征军第五军服役。曾任中国远征军机械化第五军四十九师一四五团一营一连副连长、青年远征军第二〇七师第二旅第六团营长等职。

陈英波的脸盆

1943—1944 年

口径 31 厘米，高 8.5 厘米

一般文物

2013 年陈英波捐赠

　　陈英波参加中国远征军入缅作战时使用的美式脸盆，铜质，撇口宽沿，有多处锈斑，色泽暗沉。

陈英波的饭盒

1943—1944 年

长 12.2 厘米，宽 8.3 厘米，高 2.8 厘米

一般文物

2013 年陈英波捐赠

陈英波参加中国远征军入缅作战时使用的美式饭盒，铝质，表面镀铜，带有盒盖。

陈英波的汤匙

1943—1944 年

长 19 厘米，宽 4 厘米

一般文物

2013 年陈英波捐赠

　　陈英波参加中国远征军入缅作战时使用的美式汤匙，铝质，表面镀铜，出现斑驳的锈迹和使
用留下的刮痕。

陈伯钧的川陕省苏维埃政府工农银行叁串布币

1933 年

长 15.6 厘米，宽 8.5 厘米

三级文物

2004 年陈琳捐赠

　　布币正面上端印"全世界无产阶级联合起来"，其下为"川陕省苏维埃政府工农银行"，中间有颗大五角星，星中有一拳头，星外有交叉的镰刀和锤头。五角星下面印有"叁串"二字，最下端印"一九三三年"。票面底纹为阴文美术字"增加工农生产""发展社会经济"。背面为阳文美术字"增加工农生产""发展社会经济"，钤"川陕省工农银行印"。

　　陈伯钧（1910—1974），四川达县人。黄埔军校武汉分校第六期生。曾任东北野战军副司令员、第四野战军第十二兵团第一副司令员兼第四十五军军长等职。1955 年被授予上将军衔。

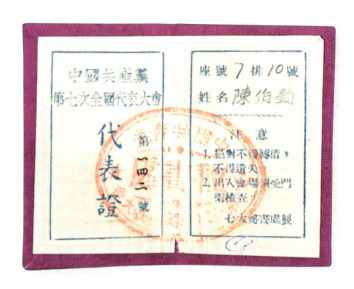

陈伯钧出席中共七大的代表证

1945 年

长 6.8 厘米，宽 4.5 厘米

二级文物

2004 年陈琳捐赠

中国共产党第七次全国代表大会代表证，第一四二号，座号 7 排 10 号，姓名"陈伯钧"。中间盖椭圆形"中国共产党第七次全国代表大会秘书处"印。

陈伯钧的刮胡刀

解放战争时期

刀架：通长 9 厘米，通宽 4.4 厘米

盒：长 9.1 厘米，宽 5.7 厘米，高 3.4 厘米

刀片：长 3.9 厘米，宽 2 厘米

三级文物

2004 年陈琳捐赠

　　Ever·Ready 牌刮胡刀，一套三件，含皮革盒、剃须刀刀架及刀片。剃须刀为铜质，柄和刀头可拆卸，刀头刻有 "PATD" "1912" "Ever·Ready" 等字样。

编后记

本图录是广东革命历史博物馆丛书藏品系列第二本。

广东革命历史博物馆从 1984 年起负责管理黄埔军校旧址，成立黄埔军校旧址纪念馆，并向公众开放。同时，不断加强黄埔军校文物和相关资料收集与研究，先后编辑出版了《黄埔军校图志》《中国远征军中的黄埔军人》《馆藏黄埔抗战将领图鉴》《〈黄埔日刊〉资料汇编》，策划黄埔军校人物传记系列丛书，目前已出版 9 种。这些图书在业界产生了较为广泛的影响。

专门介绍本馆藏黄埔军校文物的图录，这是第一本。作为目前国内黄埔军校文物藏品数量最多、品类最全的博物馆，本馆编辑出版本图录，纪念黄埔军校建校 100 周年是一个目标，更重要的是充分发挥馆藏资源优势，深入挖掘黄埔军校的历史内涵、革命精神和时代价值。通过构建多元化的革命文物展示平台，持续弘扬"爱国、革命"的黄埔精神，为凝聚海内外中华儿女共识、实现中华民族伟大复兴中国梦贡献文化力量。

本图录是集体创作的成果。主要由黄建华、谭嘉伟执笔，李岚、谢莹、苏爱荣等参与修订，谢潇瑾、王娟、胡海燕、雷思卿等参与校对，陈春梅、张红玉等提供文物支持，张思远、陈治良参与文物拍摄，段玉芳、刘思佳协调出版。易西兵撰写代前言并审定全书。

图录编撰过程中，得到吴凌云研究馆员、冷东教授、莫俊副研究馆员等诸位专家的悉心指导，在此表示衷心感谢！

本图录的出版得到文物出版社的大力支持，广州六宇文化传播有限公司对图录的设计以及质量精益求精，力求将文物的最佳效果呈现给读者。在此一并致谢。

囿于学识水平，本图录仍有诸多不足之处，祈请方家批评指正。

广东革命历史博物馆

2025 年 5 月